ESPAGNE

PORTUGAL

Notes historiques et artistiques sur les Villes principales

DE LA

PÉNINSULE IBÉRIQUE

PAR

GUSTAVE CLAUSSE

Membre de la Société centrale des Architectes

OUVRAGE ILLUSTRÉ PAR L'AUTEUR

PARIS

LIBRAIRIE DE L'ART

29, CITÉ D'ANTIN, 29

1889

ESPAGNE
PORTUGAL

.PARIS. — IMPRIMERIE DE L'ART

E. Ménard et Cie, 41, rue de la Victoire

ESPAGNE
PORTUGAL

Notes historiques et artistiques sur les Villes principales

DE LA

PÉNINSULE IBÉRIQUE

PAR

GUSTAVE CLAUSSE

Membre de la Société centrale des Architectes

OUVRAGE ILLUSTRÉ PAR L'AUTEUR

PARIS

LIBRAIRIE DE L'ART

29, CITÉ D'ANTIN, 29

—

1889

(C.)

ESPAGNE

CHAPITRE PREMIER

SARAGOSSE

Sans remonter bien loin, nous pouvons nous souvenir du temps où le voyage d'Espagne était une des entreprises les plus pénibles et les plus fatigantes à réaliser. Théophile Gautier, dans ses relations toutes brillantes d'esprit et de verve, s'étend douloureusement sur les mésaventures qui l'ont assailli pendant les longues journées et les interminables nuits passées dans des véhicules de toute espèce, parcourant le pays sur des routes à peine tracées. Or, Théophile Gautier voyageait en Espagne vers 1843. Un peu plus

1

tard, quelques personnes de mes amis, après une excursion en Andalousie, furent tellement épuisées de fatigue que l'une d'elles tomba gravement malade en arrivant à Madrid.

Il n'est plus question aujourd'hui de toutes ces misères; deux grandes lignes de chemin de fer pénètrent en Espagne; l'une par Irun et Saint-Sébastien, l'autre par Cerbère et Barcelone. Toutes les villes importantes sont reliées par des voies ferrées, et si les routes du pays laissent encore à désirer, au moins peut-on être sûr d'arriver, lentement il est vrai, mais d'arriver sûrement et sans trop de fatigue au but que l'on désire atteindre. On peut donc hardiment prendre le train à Narbonne, la ville aux souvenirs romains, et avoir toute chance d'arriver convenablement à Barcelone.

Mais, si quelque affaire importante ne dépend pas de la rapidité de votre voyage, artiste ou touriste, parcourez à petits pas la côte catalane, c'est un beau pays dont les habitants ont un joli type, de l'élégance dans les mouvements, de la finesse dans les traits, et un langage chaud, coloré, qui charme l'oreille sans la blesser.

Perpignan est la capitale de ce joli pays. Tant de fois prise et reprise, tantôt par les Français, tantôt par les Espagnols, elle a abandonné aujourd'hui toute allure militaire; ses anciennes fortifications ont fait place à de belles allées de platanes, ses rues sont bordées de maisons riantes et gaies qui semblent renfermer d'heureuses gens. Les dernières pentes des Pyrénées, qui encadrent comme dans un cirque immense la plaine où est situé Perpignan, se rapprochent bientôt de la mer et forment des baies bien abritées au fond desquelles se sont éle-

SARAGOSSE

ÉGLISE NOTRE-DAME DEL PILAR.

vées de petites villes. Port-Vendres est plus importante que ses voisines ; c'est l'ancienne Portus Veneris des Romains ; le temple de la déesse des Grâces et des Amours était placé non loin de là, sur le cap Creux. Aujourd'hui, Port-Vendres prend tous les jours une plus grande importance ; les paquebots qui vont de Marseille en Algérie font escale dans son port et le chemin de fer arrive jusqu'au quai d'embarquement. La rade est profonde, et depuis que le maréchal de Mailly, sous la direction de l'illustre Vauban, a fait creuser et élargir le port, les vaisseaux du plus fort tonnage peuvent y trouver un abri parfaitement sûr. Elle est dominée par une montagne aride et pelée, qu'on nomme le cap Béar ; au sommet on a construit une citadelle et un phare. De cette hauteur on découvre un splendide panorama : devant soi, à perte de vue, la mer bleue et infinie piquée de quelques voiles blanches ; en arrière, les dernières cimes des Pyrénées, venant, comme des ruines gigantesques, s'écrouler dans la mer ; à gauche, la côte du Roussillon, Collioure, Rivesaltes, Perpignan, et tout à l'horizon la fine silhouette des montagnes se noyant dans l'azur du ciel ; puis à droite, c'est-à-dire au sud, un véritable feston de baies et de promontoires, au nombre desquels on remarque le cap Cerbère, notre frontière, et le cap Creux en Espagne.

La felouque de la douane, mise gracieusement à notre disposition, nous permit d'aller, par mer, visiter Banyuls et Collioure. La première de ces deux villes est située au fond d'une anse assez triste, entourée de collines couvertes de vignes ; elles produisent d'excellents vins fort estimés sous les noms de Grenache et de Rancio. Collioure est situé au fond d'une baie fermée en partie par un promontoire. En avant, et comme pour défendre l'entrée restée libre du côté de la mer, on a élevé une chapelle sur un rocher isolé. Tous les ans, le 16 août, les reliques des saints sont portées en grande pompe dans des barques, depuis l'église située à l'extrémité du promontoire jusqu'à la chapelle. Les pêcheurs de la côte suivent en chantant cette procession, qui a généralement lieu le soir à la lueur des torches et attire un grand nombre de fidèles. L'intérieur de l'église est décoré à la mode espagnole ; chaque autel est surmonté d'un retable sculpté, doré, ornementé de colonnes torses, de rincèaux et de feuillages. Mais nos marins nous pressent de repartir et regardent au large d'un air qui n'a rien de rassurant, les pêcheurs tirent leurs barques sur le sable, la mer grossit, le vent s'élève et nous sommes obligés de raser, dans l'écume des vagues, les pointes de rochers sur lesquelles elles viennent se briser. Il était temps de regagner Port-Vendres ; pendant la nuit, la tempête se déchaîne, la mer devient furieuse et nous voyons au matin des lames énormes passer à chaque instant par-dessus les jetées.

Il faut une demi-heure de chemin de fer pour aller de Port-Vendres à Port-Brou, ville frontière. La voie construite en corniche franchit de nombreux tunnels et, dans le court intervalle qui les sépare, nous apercevons au-dessous de nous la mer qui déferle sur quelques petites plages, où jaillit en paquets d'écume sur les amas de rochers. Nous voici en Espagne ; cependant, Cerbère, la première ville qu'on rencontre, ressemble beaucoup à Banyuls, mêmes maisons, même église, même situation, même baie ; seulement : plus un mot de français, tout le monde parle espagnol. Après Cerbère, le pays s'aplanit brusquement, et nous traversons de grandes plaines où poussent avec abondance des cactus, des aloès, des lentisques et des figuiers de Barbarie. L'aspect de la contrée est triste et monotone, on y voit quelques villages malpropres, de pauvres habitations isolées, peu de routes, une teinte générale d'ocre et de terre de Sienne est répandue sur tout le paysage. C'est saisissant d'abord, mais, à la longue, rien n'est ennuyeux comme ces campagnes sans arbres, sans verdure, dont les terrains ressemblent à du tabac mélangé de chocolat. Quelques collines se découpent au loin en silhouettes dures, anguleuses et rudes ; les rares paysans qu'on voit dans les champs ont quelque chose de sauvage, et se confondent presque avec le terrain qu'ils cultivent ; les choses innommées dont ils sont vêtus ayant uniformément la couleur du vieil amadou.

Nous n'avons fait qu'un court séjour à Barcelone, mais nous avons pu nous rendre compte que la ville est très populeuse, très animée et horriblement pavée. Le port est immense, et les faubourgs sont parsemés d'usines de toute espèce. Une belle promenade plantée d'arbres traverse la ville, elle est fréquentée par les négociants, qui, jusqu'à une heure très avancée de la nuit, se promènent en faisant leurs affaires.

Le chemin de fer de Barcelone à Saragosse traverse un pays assez accidenté. Après avoir passé à Sabadille, ville manufacturière, on arrive bientôt à Monistrolle ; c'est là qu'il faut s'arrêter pour monter au fameux monastère du Montserrat. Situé sur le plateau le plus élevé de la montagne dont il porte le nom, il est encore dominé par un prodigieux assemblage d'énormes pyramides entassées les unes au-dessus des autres. Ces pics inaccessibles se découpent sur le ciel comme une gigantesque dentelure. Le Montserrat est isolé au milieu des plaines de la Catalogne et présente de tous côtés un aspect grandiose et imposant. Ce monastère est de fondation très ancienne, on y trouve des fragments d'ar-

chitecture byzantine, mais le beau cloître gothique date
du XVe siècle. Autour du monastère, divers ermitages
occupent des positions singulières sur le flanc de la montagne, ce sont de véritables nids de solitaires auxquels
il est presque impossible d'accéder. Ces pauvres moines
jouissent dans leur solitude d'une vue merveilleuse, la
chaîne des Pyrénées tout entière se déroule à l'horizon.

En quittant le Montserrat, le pays est pauvre, la culture est rare, de misérables vignes et quelques bois de
pins ajoutent au caractère sévère de la contrée. Les
eaux sont d'une couleur rouge tout à fait étrange ; le
Cardone, rivière qui passe à Morezza, est d'un ton tellement puissant, que les têtes de rochers qui émergent
de son lit se détachent en clair sur la couleur générale
de l'eau. La ville, espèce de forteresse naturelle, est
bâtie au point culminant de la montagne. On y voit une
belle promenade et une église d'une jolie architecture.
Nous traversons ensuite la Sierra de Calas, où les tor-
rents roulent sur de grandes dalles en gradins comme
sur un énorme escalier. Cette partie de la montagne est
sauvage ; en la traversant la route atteint son point culminant ; depuis Barcelone nous avons monté 750 mètres.
La descente est rapide ; nous dépassons Mouzon, ville
ancienne défendue par un château fort d'un aspect for-
midable. Mais le soleil nous quitte, la nuit vient rapidement, et notre voyage s'achève dans l'obscurité jusqu'à
Saragosse.

Le lendemain, c'était jour de marché. Dans les
rues défilaient de nombreuses mules magnifiquement
pomponnées, garnies de harnais cloutés et plaqués de
cuivre, et conduites ou montées par des paysans dans
leurs plus beaux atours. Quelques costumes étaient
même d'une rare élégance : culotte de drap ou de

velours noir, veste pareille, bas de soie bleu ciel, souliers à boucles d'argent et grande ceinture également
de soie bleue, ornée du traditionnel couteau. Ces
hommes ont une fière tournure. La tête serrée dans un
foulard de soie noire sur lequel ils posent noblement le
sombrero orné de pompons, ils portent la veste négligem-
ment jetée sur l'épaule et le col de chemise simplement
rabattu sans cravate ; comme complément du costume,
une carabine sur l'épaule. Le type est en général
robuste, alerte, vif, intelligent ; avec cela ils sont pares-
seux, sobres, et, pour toute occupation, fument des
cigarettes. Quant aux femmes, il y en a certainement
de jeunes, peut-être même de jolies, mais les vieilles et
les laides abondent, elles encombrent, elles grouillent,
dégoûtantes et sales au possible ; elles n'ont d'espagnol
que la mantille, dont toutes, vieilles ou jeunes, belles
ou laides, s'entourent la tête, ce qui leur sied du reste
à merveille.

La gare du chemin de fer est située dans un faubourg, près de la porte de Carmen. Pour entrer en ville,
il faut passer l'Èbre sur un beau pont qu'avoisinent de
grands bâtiments qui baignent encore dans la rivière
leurs murailles ruinées pendant le siège de 1809. On
passe par la vieille porte *del Angel*, grande arcade fermée de deux immenses battants ornés de nombreux
clous à grosse tête, qui servent autant à sa décoration
qu'à sa solidité. Ces têtes de clous carrées, rondes,
polygonales, saillantes, ou profilées en cul-de-lampe,
sont un ornement national ; on les retrouve un peu
partout, sur toutes les portes d'habitations, sur les
meubles, sur les harnais, et même sur les reliures des
livres de lutrin.

En montant vers le centre de la ville par une assez
belle rue, on trouve à droite l'ancien palais municipal

et la *Longa* ou Bourse des marchands. Ce monument,
d'une allure sévère, couronné d'une puissante corniche,
percé de fenêtres en arcades, a une analogie frappante
avec les anciens palais florentins. A gauche, au fond
d'une petite place, s'élève la cathédrale avec sa façade
gréco-romaine surmontée d'une tour. L'intérieur est un
splendide décor. Les voûtes légères et élancées reposent
sur d'immenses piliers décorés de peintures, d'ornements sculptés et de statues à profusion ; un nombre
considérable de chapelles latérales donnent sur les
grandes nefs ; des larges et hautes arcades richement
sculptées sont fermées par des grilles en fer forgé et
doré, d'un superbe dessin et d'une exécution remarquable. Le chœur, réservé aux chanoines, occupe une
grande partie de la nef principale ; il est séparé du
reste de l'église par une enceinte ou muraille sculptée
sur laquelle l'art platéresque étale avec profusion toute
l'abondance de sa ronflante décoration. De larges verrières et de grandes rosaces répandent à l'intérieur une
lumière chaude et colorée. Il est bon de rester sur cette
impression première, car, au bout de peu d'instants,
cette surcharge d'ornements fatigue et l'on y reconnaît
un mélange extraordinaire de tous les styles. Quelques
bons morceaux sont cependant dignes d'attirer l'attention, entre autres, le grand retable du maître-autel. Les
stalles du chœur, en bois sculpté, sont d'un travail très
remarquable. Dans plusieurs des chapelles latérales, la
partie inférieure des murs est revêtue, sur une hauteur
de deux mètres environ, de carreaux de faïence colo-
riée ; il semble qu'on ait tendu là une étoffe aux couleurs étincelantes : ce sont des bordures, des festons,
des arabesques, des dessins géométriques, tantôt simples,
tantôt compliqués. Les colorations employées sont
presque toujours les mêmes ; dans les grandes parties,

les fonds sont blancs, les dessins jaunes ou terre de Sienne ; dans les bordures, les fonds sont bleus et les dessins blancs, violets ou ocres. Avec cette sobre palette, les Espagnols arrivent à des effets très variés. Cet art si intéressant, qui date des Arabes et qu'on retrouve en Espagne à toutes les époques, n'est pas encore perdu ; il se fait aujourd'hui de fort beaux échantillons de faïence émaillée.

Notre-Dame del Pilar est un immense édifice, composé d'une nef principale entourée de chapelles latérales. De hautes murailles de briques, percées de grandes ouvertures, supportent une série de dômes correspondant à chacune des chapelles ; au milieu s'élève un dôme plus considérable qui domine le tout. Ces coupoles sont revêtues de tuiles vernissées, jaunes, vertes, bleues et blanches, qui font un admirable effet. Construite par les Jésuites en 1700 sur l'emplacement d'une chapelle qui avait été érigée pour recueillir une image miraculeuse de la sainte Vierge, cette église n'est à l'intérieur qu'un grand vaisseau dénudé. Le maître-autel est surmonté d'un fort beau retable, qui représente l'Assomption de la Vierge, la Naissance du Christ et la Circoncision. Ces trois bas-reliefs sont séparés par des piliers verticaux et couronnés de dais d'une richesse extravagante ; c'est la pleine efflorescence du style platéresque, ainsi nommé de ce que les orfèvres avaient adopté ce genre d'ornementation surabondante pour décorer leurs pièces d'argenterie appelées en espagnol *plateria*. Le sanctuaire de la Madone est brillamment orné, une centaine de cierges l'éclairent jour et nuit. La petite Madone, drapée dans ses beaux atours, est placée sur le Saint-Pilier à droite de l'autel ; elle possédait une garde-robe des plus précieuses ; diamants, perles, pierres fines, diadèmes, robes brodées d'or et d'argent, cadeaux provenant pour la plupart de vœux royaux[1].

Le castillo Aljaferia est devenu depuis longtemps une caserne et un arsenal, mais il reste au rez-de-chaussée un petit oratoire, souvenir délicieux des rois maures qui l'avaient habité. Les stucs qui le décoraient sont presque intacts et le dôme qui le surmontait est parfaitement conservé. En 1492, le roi Ferdinand et la reine Isabelle transformèrent ce palais, firent construire un superbe escalier et une série de grandes salles ; elles servent de magasin d'armes, mais les plafonds, décorés avec une richesse et un goût exquis, sont parfaitement conservés. Ils sont presque tous divisés en caissons réguliers dont le centre est orné d'un chou ou d'une rosace ; une cordelière circule sur les plates-bandes qui les séparent et enlace dans les angles des paquets de flèches, emblèmes héraldiques des Rois catholiques. De grands écussons sont placés soit aux quatre angles, soit aux quatre milieux ; au-dessous court une frise toute sculptée d'ornements et de lettres gothiques. Les fonds sont peints en noir ou gros bleu, les ornements dorés. Il faut se figurer les murailles revêtues de cuir repoussé ou tendues de tapisseries de haute lice, car il n'y a plus aujourd'hui qu'une couche générale de badigeon à la chaux. La plus belle de ces salles est l'ancienne chambre du conseil.

La Casa de Zaporta ou palais de l'Infante est située dans une petite rue tellement étroite qu'il est difficile à une voiture d'y passer. Quelques jolies sculptures encadrent les rares fenêtres percées de ce côté ; tout le luxe et la richesse sont accumulés à l'intérieur, dans

---

1. Tout ce trésor a été dispersé et vendu de différents côtés en 1870. Une grande partie des bijoux, remarquables objets d'art, ont été achetés par le musée de Kensington, à Londres.

le patio. Sur chaque côté de cette cour s'élèvent plusieurs riches piliers qui supportent, au premier étage, une galerie de légères arcades retombant sur des colonnettes renflées en forme de balustres. Le toit, qui dépasse beaucoup l'aplomb des façades, est soutenu par des chevrons et des consoles sculptées.

On trouve à Saragosse beaucoup d'autres anciens palais assez bien conservés ; leurs corniches à grandes saillies, leurs hautes murailles, leurs portes dont les nombreux compartiments sont ornés de clous de bronze, nous reportent en plein xve, siècle.

Quand on sort de la ville par la belle porte de Santa Engraçia, une grande route plantée d'arbres traverse la Hurba sur un joli pont, et, par une avenue ombragée, amène au Salon du Monte Torno. Ce Salon est une vaste plate-forme qui domine tout le pays ; ce fut un des points les mieux fortifiés par les Français en 1809. En suivant un beau canal construit par ordre de Napoléon, on arrive sur un autre mamelon, où furent également ment établies des batteries françaises. La violence du bombardement fut telle, pendant ce fameux siège, qu'on voit encore de ce côté une église, éventrée par les boulets, dont les ruines gisent à terre.

CHAPITRE II

MADRID

La Course de taureaux. — Musée. — Velazquez. — École espagnole. — Goya. — Le Prado. — L'Académie des Beaux-Arts. — La *Sainte Élisabeth*. — L'Armeria. — Le Palais royal.

Nous partons pour Madrid ; c'est une mauvaise nuit à passer, mais nous emportons l'espoir de nous reposer à notre arrivée ; pas du tout, voici qu'on nous annonce pour le jour même la dernière course de taureaux de la saison ; la reine devait y assister ! Dès lors, plus de fatigue, nous nous précipitons sur les derniers billets, toujours les derniers dans ce cas-là ; nous les payons trois fois leur valeur, mais le plaisir ne se marchande pas, et ce sera peut-être la seule course à laquelle nous aurons l'occasion d'assister. Nous suivons la grande rue, *Calle de Alcala*, nous traversons le Prado, nous passons devant les jardins du Buen Retiro et nous arrivons au nouveau Cirque. C'est un magnifique monument construit en pierres et en briques, d'après les données d'un cirque romain ; il est percé à l'extérieur de plusieurs étages d'arcades et garni de gradins à l'intérieur. On nous laisse entrer, mais quelle déception! Il avait plu, le sable de l'arène était mouillé et les toréadors ne se souciaient pas de donner au taureau une chance de plus ; une glissade malencontreuse se paie souvent trop cher ; la course était donc remise.

Le lendemain, temps magnifique ; il régnait sur la *Puerta del Sol* une animation houleuse, bruyante, glapissante et multicolore. Les tramways et les omnibus croisaient en tous sens les fiacres et les voitures de maître ; les cavaliers, les muletiers, les troupes d'ânes et de chèvres tournaient comme dans un immense kaléidoscope ; sur les trottoirs, une population désœuvrée ou affairée se promenait, dormait ou s'agitait.

La course était affichée pour deux heures ; le soleil avait tout séché, et à deux heures nous reprenions le chemin de la veille, nous dirigeant du côté du Cirque. Mais quel changement, quelle foule, quel bruit, quel mouvement! C'est à qui arrivera le plus vite. Sur la chaussée, passent comme des tourbillons les *servicio publico*, espèces d'omnibus emportés au galop de six, huit ou dix mules pomponnées, excitées par le fouet, la voix des postillons et les grelots des harnais. La voiture est elle-même un véritable poème ; il y en a de toutes les couleurs, de toutes les formes et de toutes les époques. Quelques-unes contiennent cinquante voyageurs, vingt-cinq dessus, vingt-cinq dessous ; la caisse, des plus élégantes, est peinte en bleu de ciel avec des paysages et des amours. Les postillons sont merveilleux d'entrain, et il est bien vrai, comme on le prétend, qu'ils mettent toute leur gloire à faire arriver aussi vite que possible l'avant-train de leur voiture à destination, quant au reste, caisse ou voyageurs, tout peut rester en route ; ils ne s'en inquiètent jamais. Enfin, nous sommes à nos stalles, du côté de l'ombre, ce qui est fort recher-

ché ; *la quadrilla* fait en grande pompe le tour de
l'arène.

Nous n'avons pas l'intention de raconter ici métho-
diquement une course de taureaux, ni d'en énumérer
les diverses phases ; il faut, pour s'en faire une idée
bien complète, consulter la fameuse tauromachie de
Goya. Nous noterons seulement les incidents de celle
à laquelle nous avons assisté.

C'est au milieu d'un silence imposant que, sur un
signe de l'alcade de Madrid, s'ouvre la porte du *toril*.
Il en surgit un animal noir, qui traverse l'arène comme
un boulet de canon et va, tête baissée, briser la palis-
sade du côté opposé. Novices en cette affaire, nous
avons été un peu émus de cette entrée foudroyante,
craignant que, dans un redoublement d'humeur furi-
bonde, le taureau ne vînt pousser sa promenade jusqu'aux gradins occupés par la foule. Les bravos, les
cris de joie de l'assistance nous rassurent promptement,
et les charpentiers, en uniforme bleu clair galonné de
rouge, réparent le dégât. Mais les *picadores* viennent
s'offrir au taureau, la fête commence. Trois ou quatre
chevaux tués ou éventrés ; deux ou trois picadores faisant les chutes les plus épouvantables, tantôt tombant
sous le cheval pendant que le taureau lui laboure les
flancs, tantôt lancés en l'air par un effort désespéré de
leur monture et s'étalant à plat la figure dans le sable :
voilà pour amuser le public et fatiguer le taureau. Les
chulos agitent leurs manteaux pour détourner l'animal ;
l'intérêt nous gagne et nous ne pouvons détourner les
yeux du combat. Il faut admirer, même dans ce premier
acte, le courage de l'*espada* ; lorsqu'un de ses picadores
est en danger il se présente toujours lui-même pour
détourner le taureau et, en bon chef de troupe, sauver
son camarade.

MADRID

Parmi les espadas chargés de tuer les six taureaux qui devaient fournir la course, se trouvaient deux des plus célèbres épées d'Espagne : l'illustre Lagartijo, revêtu pour la circonstance d'un magnifique costume de soie rouge brodé d'or, et Cara Ancha, de son vrai nom don Sanche de Campo, gentleman toréador, habillé de satin vert brodé de soie noire. Lagartijo ne fit rien de bien extraordinaire ce jour-là, ses taureaux furent tués convenablement. Cara Ancha, chargé du troisième, un taureau de bonne race, le tua d'une façon tellement magistrale que ce fut un débordement d'enthousiasme indescriptible. Au milieu des bravos et des cris frénétiques, on lui jetait des cigares, des bouquets, des chapeaux, des casquettes, même des vestes, qu'il renvoyait du reste fort gracieusement à leurs propriétaires. Pendant la course suivante, on lui demanda de toutes parts de poser les banderillos ; Cara Ancha, gracieux et svelte, excellait dans cet exercice. Il vint se placer seul au milieu de l'arène, et là, la poitrine en avant, les bras en l'air, tenant en main ses banderillos, appelait de la voix et du geste le taureau furieux, qui frappait à quelque distance la terre de ses pieds. L'animal fond sur lui, il l'attend sans bouger, l'esquive avec une merveilleuse adresse et lui plante sur la nuque, au point voulu, ses deux banderillos. Ce fut un triomphe, un redoublement de cris, de bravos, de bouquets, de cigares, de vestes et de chapeaux; mais la roche Tarpéienne est près du Capitole, ce triomphateur, ce vainqueur, cet enfant chéri de la population madrilène, fut impitoyablement sifflé quelques instants plus tard. C'était au dernier taureau, animal gris, court, très vigoureux; au moment de le tuer, Cara Ancha se présente l'épée haute, trouve sa belle et frappe. A la surprise générale, le taureau, au lieu de s'affaisser et de

ployer les genoux, se sauve, emportant dans ses chairs
l'épée du toréador; la lame avait un peu dévié. Ce
furent des huées, des cris, des sifflets et des injures à
énerver le plus beau sang-froid; pendant que ses cama-
rades détournaient le taureau, Cara Ancha parvint à
reprendre son épée en entortillant sa cape autour de
la garde; mais tout cela prit du temps et les cris et
les sifflets faisaient rage. Blême de honte et de rage,
il aborde de nouveau le taureau, frappe un coup merveilleux de force et d'adresse ; puis, se retournant vive-
ment, sans même regarder sa victime, il s'écrie : « Il
est mort; faites-en autant. » De nouveaux applaudisse-
ments frénétiques, des bravos indescriptibles, le récom-
pensèrent de ce beau trait. Cara Ancha, ou plutôt don
Sanche de Campo, est bachelier, fort beau garçon et
marié à une ravissante femme ; ils sont très aimés à
Madrid, on les nomme familièrement les Beaux Enfants,
C'est un métier lucratif que celui de toréador, une
course doit rapporter de deux à trois mille francs à
chaque espada, cinq cents aux banderilleros, deux cent
cinquante aux picadores et ceux-ci les ont bien gagnés
par les chutes affreuses qu'ils font. En résumé, c'est
un splendide spectacle ; l'éventrement des chevaux est
certainement répugnant, mais il faut en tenir peu de
compte et concentrer toute son attention sur la lutte
entre l'homme et le taureau ; il y a là une magnifique
passe d'armes. La pose des banderillos se fait avec une
adresse et une témérité telles que le danger semble disparaître; la grâce et l'agilité des banderilleros le ferait
tout à fait oublier, si le taureau ne se chargeait quelquefois de rappeler, par quelque bonne brutalité, que
la vie de l'homme est, à ce jeu-là, toujours en danger.
Enfin, lorsque l'espada s'avance seul, salue la reine ou
l'alcade, lance au loin son chapeau, comme pour indi-

quer qu'il va jouer son va-tout, et se présente au taureau, c'est superbe. C'est un duel à mort; le torero a
d'un côté une petite épée, son sang-froid et son adresse;
le taureau a sa vigueur, sa violence et deux cornes
larges et aiguisées. Il est difficile, devant ce spectacle,
de ne pas se sentir gagné par une émotion poignante.

Il y a des amateurs de courses de taureaux, comme
il y a des amateurs de courses de chevaux; on les
nomme *afficionatos*. Ceux-là vont la veille au soir voir
arriver les taureaux, savent qui les a élevés, de quel
pays ils viennent, de quelle race ils sont et préjugent
la manière dont ils se comporteront le lendemain.
Les éleveurs, la plupart grands seigneurs ou grands
propriétaires, se font un point d'honneur de présenter
les plus beaux taureaux; au moment de leur entrée
dans l'arène, on leur pique sur le garrot un petit bouquet
de rubans de couleurs variées qui fait reconnaître chez
qui ils ont été élevés.

Le monument que l'on nomme le musée de Madrid
est un édifice d'architecture grecque, composé de deux
gros pavillons réunis par une large galerie; construit
sous Ferdinand VII, il n'a rien de bien remarquable
et doit sa grande réputation aux merveilles qu'il renferme. Cette célèbre collection est de date assez récente,
la majeure partie des tableaux qui la composent décorait,
avant 1818, les palais de Madrid, l'Escurial et les autres
résidences royales d'Espagne; les couvents de Tolède,
de Madrid et de Ségovie, supprimés en 1836, ont été
dépouillés à son profit. Le créateur et le conservateur
du musée, Pedro de Madrazo, a séparé tous les tableaux
en différentes écoles et les a exposés dans des salles
parfaitement distinctes. Quand on entre par le perron,
situé près de la statue de Cérès, on trouve, à gauche

d'un grand vestibule circulaire, les salles de l'école
italienne ; à droite, celles de l'école espagnole ; en face,
la grande galerie au milieu de laquelle s'ouvre le Salon
de la reine Isabelle, sanctuaire d'art où l'on a réuni les
principaux chefs-d'œuvre. A l'extrémité, une grande
salle circulaire contient les tableaux des peintres français ; une galerie latérale est réservée aux tableaux de
l'école flamande ; une autre galerie symétrique, à ceux
des écoles allemandes. Les primitifs sont réunis à
l'entre-sol, sous le nom de musée Alphonse XII. Ces
divisions, très tranchées, facilitent beaucoup la visite du
musée.

L'énumération de toutes ces richesses serait absolument impossible et, dans tous les cas, parfaitement fas-
tidieuse ; aucune description, quelque fidèle qu'elle soit,
ne peut donner l'idée d'un tableau avec sa couleur, son
caractère et le sentiment qui lui est propre. Nous citerons cependant parmi tant de chefs-d'œuvre ceux que
leur perfection et leur mérite ont fait classer parmi les
plus célèbres. Ainsi, au milieu de nombreux Albane,
Corrège, Lucca Giordano, Jules Romain, Domenico
Greco, Guido Reni, Andrea Mantegna, Palma, Sebas-
tiano del Piombo, et tant d'autres dont les noms illustres
sont représentés par d'excellents tableaux, on trouve
une dizaine de Raphael, tous des chefs-d'œuvre. Ce
sont : le *Spasme* de Sicile, la *Vierge au Poisson*, la
Visitation, le fameux portrait d'un cardinal inconnu et
la célèbre *Sainte Famille*, appelée *la Perle*. Il n'y a
pas moins de trente-trois Tintoret, dont le plus important est *la Violence de Tarquin*. Le Titien était l'ami
de Charles-Quint, qui honorait beaucoup son talent ; il
n'est donc pas étonnant de retrouver en Espagne un
nombre considérable de ses plus belles œuvres ; le
musée en a pu réunir une quarantaine, toutes remar-

quables ; mais le portrait d'Alphonse d'Este, les deux magnifiques portraits de Charles-Quint et de son fils Philippe, le grand Charles-Quint à cheval chargeant à la bataille de Mühlberg, la *Danaé*, les deux célèbres *Vénus* presque copiées l'une sur l'autre, l'Allocution du marquis du Guast à ses soldats, *l'Adoration des Mages*, l'impératrice dona Isabelle de Portugal, femme de Charles-Quint, sont ceux qui excitent la plus vive admiration. Vingt-deux Paul Véronèse et tant d'autres du plus grand mérite complètent cette réunion de merveilles.

Le musée de Madrid peut lutter avec les plus remarquables galeries d'Europe, tant pour la quantité que pour la qualité des tableaux des maîtres de toutes les écoles ; mais nulle part au monde la peinture espagnole n'est représentée par un aussi grand nombre de chefs-d'œuvre ; les Herrera, les Ribera, les Zurbaran, les Murillo abondent et, si nous nous réservons d'étudier l'œuvre de ces deux derniers peintres après notre passage à Séville, leur ville natale, il faut nous arrêter ici devant la grande personnalité artistique de Velazquez.

Don Diego Rodriguez da Silva y Velazquez, grand seigneur ayant vécu à la cour de Philippe III et de Philippe IV, était un admirable artiste, sachant peindre avec fermeté et dessiner largement ; il était naturaliste et nullement idéaliste. On peut lui reprocher d'avoir trop travaillé pour la cour, dont la raideur et l'étiquette faisaient violence à son tempérament ; mais il secouait quelquefois la morgue fastueuse qui lui était imposée et peignait des gueux ou des philosophes vêtus de haillons. Les tableaux qu'il a faits pour les églises sont généralement mal groupés, les personnages ne sont pas vivants, la composition manque d'air ; les types qu'il a choisis sont loin d'être religieux et n'expriment aucun

sentiment élevé ; ils n'ont rien d'idéal. Velazquez était
de son époque et la religion qu'il représentait se com-
posait de formules et non d'inspiration. Il ressort de
l'examen de l'œuvre de Velazquez qu'il était un admirable coloriste, un merveilleux peintre, un dessinateur
émérite, un grand artiste si l'on veut, mais un artiste
qui n'a jamais ni compris ni rendu le charme, la grâce
et toute la série des sentiments tendres qui se reflètent
dans un nombre infini des actions humaines. Dans ses
grandes compositions, telles que *la Reddition de Bréda*,
vulgairement appelée le *Tableau des Lances*, *la Fabrique de tapisserie*, *la Famille de Velazquez*, il est
sans élégance. Le réalisme est ce qui le préoccupe le
plus et il l'accentue même au delà de ce que donne la
nature. Sans se soucier beaucoup de l'ordonnance, il
étonne par la science du coloris et la richesse de la
palette. Dans le tableau des *Buveurs*, ainsi que dans *la
Forge de Vulcain*, il reproduit merveilleusement les
physionomies et les sentiments qu'on rencontre dans
le bas peuple espagnol, il se plaît à rendre ces types
tantôt d'une beauté vigoureuse et brutale, tantôt laids
et difformes ; mais il le fait avec une rare énergie et
c'est là que son tempérament se manifeste dans sa
fougue superbe.

Velazquez est le peintre par excellence de tous les
personnages raides et compassés de la famille royale
et de la cour. Il sait donner à ces mannequins un air
de distinction et de grandeur que peut-être ils ne possédaient pas, mais qui certes devait les flatter au dernier point. De ce soldat brutal qu'on nommait le comte-
duc d'Olivarès, il a fait une figure héroïque ; il a su
donner au misérable fantôme qui avait nom Philippe IV
un air de finesse et d'élégance, et, par plus de flatterie, il l'a représenté en action de chasse, un fusil sur

l'épaule. Il nous les montre tous, hommes et femmes, magnifiquement montés sur des chevaux fringants et dans de riches costumes ; mais il a dû, dans ces occa-sions, abandonner son réalisme ordinaire et voulu, pour atteindre à cette espèce d'idéal, car la nature de ses personnages ne répondait guère à ses désirs. Ne pouvant copier ses modèles, il a dû les transformer ; il fallait flatter et frapper l'imagination des courtisans, le grand peintre a mis son talent à ce service-là et a pleinement réussi. De ces gens maladifs et pleins de morgue, il fait des héros et tous veulent se voir travestis aussi splendidement ; après le portrait équestre de Philippe III et de la reine Marguerite d'Autriche, il fait celui du roi Philippe IV et de la reine dona Isabelle de Bourbon ; puis, il peint don Balthazar Carlos, enfant de cinq ans, et réussit à lui donner une allure de bravoure telle qu'on croirait voir un chef d'armée entraînant ses soldats à la bataille.

Il ne faut pas trop en vouloir à Velazquez de cette prodigieuse flatterie, elle nous a valu ses plus beaux tableaux. Les portraits en pied sont d'un sentiment plus calme ; pour faire passer la laideur du modèle, il entoure son sujet de toute la majesté du style et du charme de la couleur.

Velazquez a été quelquefois peintre de paysage ; le musée de Madrid possède de lui trois études faites à Rome : deux à la villa Médicis et une auprès de l'arc de Titus ; ce sont trois chefs-d'œuvre : de l'air, de la couleur, de la lumière, toutes les qualités s'y trouvent réunies. Dans ses grandes compositions dont les fonds sont presque toujours des paysages, représentant de vastes étendues de terrain, il cherche à atténuer ses effets pour ne laisser qu'une sorte de coloration mate et incolore, dont le rôle est de faire valoir le sujet principal.

Nous pouvons conclure de ce rapide examen que Velazquez est un peintre d'une grande allure, ayant à son service un art merveilleux, qu'il est un grand artiste, mais artiste incomplet.

De Velazquez à Goya, il n'y a que peu de distance, bien qu'un siècle entier les sépare ; comme peintre, Goya succède directement à Velazquez ; comme lui favori de la cour et du roi, il est aussi le peintre national de l'Espagne ; son génie et son talent sont absolument espagnols. Tout en menant la vie de grand seigneur, il a beaucoup produit ; il a fait des sujets de sainteté, des fresques, des portraits, des scènes de mœurs, des eaux-fortes, des lithographies, et, dans tous ces genres, a fait preuve d'un talent vigoureux. En gravant les principaux tableaux de Velazquez, il s'est livré à une étude approfondie de son œuvre ; il en a recueilli une manière franche, une façon vraie et même un peu brutale d'interpréter la nature, qui rappelle le talent du grand maître. Les deux portraits équestres du roi Charles IV et de la reine sont faits à l'imitation de ceux de Philippe IV et d'Isabelle : les têtes sont merveilleusement peintes et la composition générale a beaucoup d'allure et de noblesse. Il n'y a pas de galerie, d'église ou de palais qui ne possèdent quelques tableaux de Goya, et celui de la cathédrale de Séville, représentant les saintes Justine et Ruffine, filles d'un potier de terre, est une œuvre de grand mérite.

Don Francisco Goya y Lucientes naquit en Aragon ; son goût pour la peinture se développa de bonne heure, et il vint étudier à Rome pendant quelque temps. Par son existence, par sa fougue et son genre de talent, il ressemble à Velazquez, mais il a son génie particulier et s'affirme par une individualité qui lui est propre. Il va mourir à Bordeaux en 1828, à plus de quatre-vingts ans.

Les principaux peintres de l'école espagnole sont :

Velazquez, né à Séville en 1599, mort à Madrid en 1660 ;

Zurbaran, né à Fuente en 1598, mort à Madrid en 1662 ;

Alonzo Cano, né à Grenade en 1601, mort à Grenade en 1667 ;

Claudio Cœlo, né à Madrid en 1601, mort à Madrid en 1693 ;

Herrera Francisco, né à Séville en 1622, mort à Madrid en 1685 ;

Ribera, né à Valence en 1588, mort à Naples en 1656 ;

Murillo, né à Séville en 1588, mort à Séville en 1662.

Il est à remarquer que toute l'école espagnole naît avec le xviie siècle ; plus de foi vive et naïve, plus d'idéal ; du style, de la convention, de l'emphase, beaucoup de talent, mais non plus la reproduction d'une pensée sincère rendue dans toute sa grandeur par des moyens simples.

Il faut non seulement visiter le musée de Madrid, mais il faut y retourner et y revenir encore ; à chaque fois, l'intérêt augmente, la connaissance des chefs-d'œuvre se fait plus intime, et le champ des belles émotions est vaste dans cet immense trésor.

En sortant du musée, nous voici sur le Prado. Cette fameuse promenade, dont tout le monde a entendu vanter les merveilles, est un grand boulevard planté d'arbres, qui longe une partie de la ville. Au milieu, un large terre-plein sert de promenoir aux piétons ; de chaque côté défilent les voitures et les cavaliers ; mais

le beau monde se tient dans un espace circonscrit par
la fontaine de Cybèle et celle de Neptune. On le nomme
le *Salon*, il est garni de chaises, et les gracieux saluts
peuvent s'échanger avec les beaux cavaliers montés sur
leurs fringants andalous, et les belles dames qu'emportent les équipages.

On revient à la *Puerta del Sol*, le centre officiel et
géographique de la ville, en descendant la belle rue
d'Alcala. L'Académie des Beaux-Arts occupe un des
palais qui la bordent, et, bien que le monument n'ait
rien de remarquable, il ne faut pas manquer d'y entrer
pour visiter la galerie de tableaux. Au milieu de toiles
d'un ordre absolument inférieur, la *Sainte Élisabeth
pansant les teigneux*, de Murillo, brille comme un
magnifique diamant à côté de vulgaires cailloux. Ce
splendide tableau, le plus beau qu'ait produit le pinceau
du maître sévillan, au dire de beaucoup d'amateurs, est
admirablement composé, dessiné avec ampleur et peint
avec une grande fermeté et une magie de couleur merveilleuse. Sur les marches d'un palais, la sainte reine
de Hongrie lave la tête d'un enfant blond penché au-
dessus d'un bassin d'étain ; elle est assistée de deux
femmes vêtues de costumes élégants, dont l'une porte
sur un plateau d'or des fioles et des médicaments ;
l'autre penche au-dessus de la tête de l'enfant une
magnifique aiguière enrichie de pierreries. Entre ces
deux jeunes et belles femmes, une figure de vieille
regarde curieusement ; à gauche, sur le premier plan,
un homme en guenilles est assis, occupé à panser les
plaies de ses jambes, tandis qu'à droite, une vieille
femme accroupie supplie la royale sœur de charité de
la secourir. Au second plan, un jeune garçon se gratte
la tête en faisant une expressive grimace. C'est un
hideux sujet, rendu avec une incroyable audace de

vérité ; mais Murillo a su trouver et faire sauter aux
yeux le contraste qui existe entre ces misérables en
guenilles et ces femmes que la richesse, la jeunesse, la
beauté, placent à l'extrémité opposée de l'échelle
humaine. La sainte, la tête couverte d'un voile, que
surmonte une couronne royale, a une physionomie d'une
douceur et d'une beauté remarquables ; est-ce bien là
un portrait ? Est-ce bien là l'expression vraie de la réalité comme aurait pu la rendre Velazquez ? Il faut en
douter ; en regardant ce tableau, on éprouve l'impression la plus élevée d'une pieuse charité exercée par une
reine.

La *Plaza mayor* est un petit échantillon de notre
Palais-Royal ; c'est un square entouré de galeries à
colonnades, sous lesquelles s'ouvrent de nombreuses
boutiques : au milieu du jardin s'élève la statue de
Philippe III. En suivant la *Calle mayor*, on arrive au
palais royal ; la vue s'étend de là sur toute la campagne, et embrasse sur une grande étendue la vallée
du Mançanarès ; quand il pleut, le fleuve contient de
l'eau en quantité raisonnable et du linge sale en quantité innombrable : c'est lessive générale dans la capitale
de toutes les Espagnes.

La place de l'Armeria qui précède le palais prend
son nom du musée des Armes exposées dans la partie
des bâtiments qui sont situés de ce côté. C'est à
Charles-Quint qu'il faut faire remonter la formation de
cette magnifique collection, il en avait réuni les pièces
les plus belles et les plus intéressantes. Continuée par
ses successeurs, elle est aujourd'hui disposée dans une
immense salle ; tout autour sont accrochées les pano-
plies et rangées les armures complètes de toutes les
époques par ordre chronologique. Au centre, sur une
vaste estrade, on a placé des gens à cheval ; chevaux et

cavaliers tous bardés de fer forment une fière cohorte, qui fait face de tous les côtés. Le conservateur actuel de l'Armeria, un érudit et un chercheur, a rassemblé de nombreux morceaux d'étoffes anciennes et a recomposé les costumes complets des soldats et des chevaliers. S'aidant de documents fournis par les peintres, il a reconstitué ses personnages tels que les représentent des tableaux célèbres. C'est ainsi que Charles-Quint, monté sur son cheval noir, charge la lance au poing, comme Titien l'a représenté à la bataille de Mühlberg ; le mannequin est revêtu de l'armure qui couvrait l'empereur. Le célèbre don Balthazar Carlos se retrouve également à l'Armeria ; il est là, revêtu de la splendide armure que son père Philippe IV lui avait fait faire, jouet digne d'un prince de cinq ans. Il est monté sur son genet andalou à la robe isabelle ; son petit corps est ceint de l'écharpe rose et il caracole le bras droit étendu, dans la pose superbe que lui a donnée Velazquez.

Quelques pièces ont un intérêt historique tout particulier, telles que l'épée du Cid, l'armure de Christophe Colomb, la couronne votive de Suintilla, roi des Visigoths, qui date de l'an 626 et qui fut trouvée en même temps que celles du musée de Cluny, dans le petit champ de Guarrazar, à dix lieues de Tolède. Sur la muraille, on a déployé les étendards turcs, glorieux trophées rapportés par don Juan d'Autriche après la bataille de Lépante, et bien d'autres de toute espèce et de toutes nations. Au milieu de ces armes précieuses, celle dont la valeur artistique est sans contredit la plus importante est un magnifique bouclier exécuté pour Charles-Quint par Benvenuto Cellini : le centre est occupé par une tête de Méduse encadrée de rinceaux et de médaillons au milieu desquels des femmes, des

enfants, des satyres forment de charmants tableaux. Les
nielles les plus délicats rehaussent de leurs tons or et
noir ce que pourrait avoir d'un peu froid la ciselure du
fer. L'ensemble de la composition largement comprise,
ainsi que l'exécution fine et nerveuse des détails, indique bien la facture de ce spadassin célèbre qui,
après avoir tué un homme, rachetait sa tête en faisant
hommage d'un beau plat à son juge et ami Léon X.

Le palais royal est un beau monument carré dont
l'architecture est bien ordonnée et ne manque pas de
noblesse ; une cour intérieure donne accès à la galerie
ainsi qu'à la chapelle. Les jardins descendent en pente
et en terrasse jusqu'au bord du Mançanarès ; des rives
du fleuve, le palais a un aspect grandiose, grâce aux
immenses contreforts qui soutiennent les constructions
de ce côté. Lorsque la famille royale est à Madrid, on
ne peut pas visiter le palais, il faut donc se contenter
d'en faire le tour extérieurement. La prise de garde est
assez curieuse : elle est fournie par un détachement
de la garde nationale, uniforme noir et jaune, qui
arrive musique en tête, excellente musique composée
d'artistes, et d'un bataillon d'infanterie également
accompagné de sa musique, mais quelle musique, hélas !
puis vient ensuite un détachement de cavalerie et de
l'artillerie. Toutes ces troupes ont bonne tournure ; les
hommes sont bien faits, les chevaux jolis et en bon
état. Le drapeau est apporté et remporté au son de la
marche nationale, air bien cadencé, mais peu musical,
qui ressemble tout à fait à notre « *Frère Jacques* ». Le
pas des fantassins est marqué par deux temps de la
musique, au premier, ils lèvent la jambe et la posent au
second ; à ce train-là, ils font deux cents mètres en une
demi-heure : c'est peut-être majestueux, mais c'est bien
lent.

Madrid possède peu de monuments qui méritent d'être signalés ; le palais du congrès rappelle en petit notre chambre des députés et les autres ne sont que de grands bâtiments sans style et sans élégance. Les églises sont en général pauvres, laides et mal éclairées ; aucune n'est véritablement digne de la capitale du Roi Catholique.

CHAPITRE III

TOLÈDE

Le chemin de fer qui conduit de Madrid à Tolède traverse une campagne rousse desséchée, râpée, inhabitée, tout ce qu'on peut imaginer de plus laid. Les plaines sont, dit-on, excessivement fertiles, mais, la récolte une fois faite, elles manquent complètement de pittoresque. Après deux heures de marche, le train s'arrête en rase campagne ; informations prises, nous sommes au bord du Tage, et la machine fait provision d'eau. La vallée du Tage est un grand pli de terrain qui coupe cette interminable plaine, véritable oasis qui serpente à travers ce désert; au loin, on aperçoit les massifs du parc d'Aranjuez; par leur masse touffue et verdoyante ils laissent supposer les délices de cette résidence des rois d'Espagne.

Tolède se voit de loin, et c'est vraiment un splendide spectacle. Au milieu d'un immense amphithéâtre de

3

montagnes, la ville s'élève sur un cône de rochers presque complètement entouré par le Tage, qui, tantôt encaissé entre les parois de la montagne, creuse son lit au fond d'une gorge sauvage, tantôt s'étale et coule tranquillement en baignant des rives verdoyantes. Au point culminant s'élève l'Alcazar, dont les grands bâtiments sont encore dominés par la flèche de la cathédrale. L'ancien pont d'Alcantara, sur lequel on passe pour entrer à Tolède en venant de Madrid, n'a qu'une seule arche, hardiment jetée d'un rocher à l'autre ; il était défendu à chaque extrémité par une fortification arabe. La chaussée est si étroite que deux voitures ne peuvent s'y rencontrer, chacun doit attendre son tour ; il faut s'armer de patience quand on a devant soi une file de quinze à vingt charriots ou une escouade de mulets chargés d'énormes besaces remplies de paille hachée. Ce pont évoque des souvenirs assez lugubres ; il n'y a pas quarante ans, on pouvait y voir des croix rouges peintes sur le parapet ; chacune d'elles indiquait l'endroit où l'on avait ramassé un homme mort ; on enlevait le pauvre assassiné et, pour toute épitaphe, on écrivait à l'endroit même : « *Qui se matar a un ombre* », Ici on a tué un homme.

Une belle rampe en zigzag, qui longe le pied des anciens remparts, amène à la place Zocodovera, centre de la ville ; elle est plantée d'arbres et entourée de galeries à arcades. L'hôtel Luino est à deux pas de là ; c'est une auberge qui a joui d'une grande célébrité, mais tous les voyageurs qui l'ont habitée se sont plaints des méfaits du cuisinier et de la voracité de la population grouillante qui habite les chambres. Cette mauvaise réputation n'est pas méritée ; l'hôtel Luino est une *posada* très espagnole, avec une grosse et laide femme pour patronne, un patio, des portiques, du chocolat, et

LE PONT D'ALCANTARA ET

des portes qui ne ferment pas ; de plus, elle renferme quelques vieux meubles assez curieux.

L'aspect de la ville est étrange ; les rues sont tellement étroites qu'une voiture y passe difficilement, quelquefois même les essieux touchent les deux façades opposées ; les rares passants n'ont d'autre ressource, pour éviter d'être écrasés, que d'aller s'aplatir sous les portes. Les toitures surplombent ces petites rues et y conservent de l'ombre et un peu de fraîcheur ; toutes les maisons sont d'anciennes demeures seigneuriales, à en juger par les écussons qui ornent les façades. Les portes sont massives, faites de panneaux en relief surchargés de gros clous ; de nombreux balcons en fer soutiennent les miradores, espèce de loges vitrées qui avancent sur les façades et permettent de voir aisément ce qui se passe dans la rue ; c'est là que se tiennent généralement les dames de la maison.

L'Alcazar, palais bâti par l'architecte Beruguetti pour l'empereur Charles-Quint sur les ruines de l'ancienne forteresse arabe qui lui a donné son nom, est une lourde masse de constructions, formant un grand carré flanqué de tours aux quatre angles. La porte, les grilles, les fenêtres de la façade sont délicieusement ornées ; la cour intérieure est magnifique, entourée de deux étages de portiques à arcades retombant sur des colonnes, et rappelle, par sa disposition et son architecture, la célèbre cour du palais Farnèse, à Rome. Aujourd'hui, l'Alcazar, parfaitement restauré, sert d'école militaire et de caserne aux élèves-officiers. De la terrasse qui précède le château, la vue domine la ville, les montagnes qui l'entourent, le cours du Tage et s'étend jusqu'aux sierras lointaines qui bordent l'horizon. Mais il faut s'arracher à cette contemplation et regarder, à ses pieds, le célèbre couvent-hôpital de Santa-Cruz,

construit en avant et un peu en contre-bas de cette terrasse.

Le cardinal Mendoce, l'ami de Charles-Quint, en fut
le fondateur ; le plan général de ce magnifique édifice
est un quadrilatère recoupé à l'intérieur par une croix
dont les bras viennent aboutir au milieu de chacun des
côtés. Les quatre cours ainsi formées sont entourées de
portiques d'une délicatesse et d'une élégance ravis-
santes ; chacun des bras de la croix forme une grande
salle au plafond magnifique, qui vient aboutir à une
rotonde centrale où se trouve placé un autel. Cette disposition permet aux femmes qui occupent une de ces
salles, aux hommes qui occupent la seconde, à la confrérie religieuse à laquelle est réservée la troisième et
au public qui remplit la quatrième, de voir le prêtre et
d'assister aux offices sans qu'il y ait entre eux aucune
communication. La façade principale, qui regarde l'Alcazar, est d'une richesse peut-être un peu excessive :
chambranles délicatement sculptés d'arabesques, colonnettes en balustres, colonnes ornées, archivoltes dentelées, bas-reliefs, statues, niches, toute l'ornementation
de la belle époque de la Renaissance y brille de tout
son éclat ; le tout est couronné par une élégante corniche. Les malades n'habitent plus cet hôpital ; ils sont
remplacés par de jeunes écoliers, garçons et filles,
élevés sous la direction des sœurs de Saint-Vincent de
Paul.

Après avoir franchi la voûte d'une ancienne porte
arabe, nous trouvons dans un renfoncement la maison
qu'habitait autrefois Michel Cervantès, du moins à ce
qu'indique une plaque de marbre placée au-dessus de la
porte. Cette maison ressemble à toutes les autres maisons bourgeoises de la ville ; l'écurie s'ouvre à côté du
salon, sous la galerie d'un patio dont les piliers et les

balcons sont peints en vert pomme ; il n'y reste aucune trace du génie du grand homme ; elle sert aujourd'hui de dépôt à un marchand de sparteries.

Lorsqu'on descend les rampes qui sont situées de ce côté de la ville, on arrive bientôt à la fameuse *Puerta del Sol.* C'est une ancienne porte qui date de la plus belle époque de l'architecture arabe. Ce célèbre monument a été fort habilement restauré, et, malgré cette restauration, a conservé les merveilleuses colorations que les rayons du soleil ont mis sept cents ans à lui imprimer ; les briques dont il est construit ont pris des tons terre de Sienne, qui brillent de reflets jaune d'or d'une vigueur surprenante et d'un éclat magnifique. Tout auprès, dans une portion du mur d'enceinte construit par les Visigoths, s'ouvre la porte par laquelle Alphonse VI, en 1056, entra en vainqueur à Tolède ; la vieille herse de fer est encore à sa place, prête à être descendue pour défendre le passage. En remontant la rue, on trouve, à quelques pas plus loin, une petite mosquée arabe, fort curieuse par la combinaison bizarre de ses voûtes ; le roi Alphonse y fit dire la messe le jour de son entrée et y laissa son bouclier en souvenir ; il est encore accroché à la place qu'il a toujours occupée.

La belle porte de Charles-Quint fait partie d'un système de fortifications plus récent ; c'est une espèce de donjon à quatre tours, dont deux sont surmontées de toits pointus, recouverts de tuiles vernissées vertes et blanches. De là, une allée de platanes conduit à l'hôpital de Santiago, qui appartient au duc de Medina-Celi ; dans la cour, entourée de colonnes et d'arcades, on remarque deux beaux puits à margelles de marbre blanc, et, dans la chapelle, Berruguetti a taillé dans l'albâtre le tombeau du cardinal Tavera. C'était un artiste vraiment remarquable que ce Berruguetti, archi-

tecte à l'Alcazar et à la cathédrale dont il construisit le
chœur, le voici maintenant sculpteur de grand mérite ;
de plus, il peignait avec talent, le musée de Madrid
possède plusieurs de ses tableaux ; véritable émule de
Michel-Ange, dont il était l'élève, les œuvres qu'il nous
a laissées indiquent une belle imagination réglée par
une solide éducation artistique ; il vécut quatre-vingts
ans. Le style du tombeau de Tavera est élevé et d'une
souplesse qui enchante ; le cardinal, revêtu des habits
sacerdotaux, est couché sur un lit supporté par quatre
femmes agenouillées ; le tout est posé sur un socle très
haut, orné aux angles d'aigles aux ailes déployées,
et, sur les faces, de médaillons d'une remarquable
finesse.

Lorsqu'on va de la porte de Charles-Quint au pont
Saint-Martin, on traverse une portion de la ville à peu
près déserte, ce sont de vastes quartiers inhabités, couverts de constructions abandonnées et de fortifications
en ruines. Quelques enfants déguenillés jouent sur
les pentes qui dominent le Tage et animent seuls cette
solitude. On est frappé de la ressemblance de ce côté de
Tolède avec les anciens quartiers de Rome qui s'étendent
au delà du Colisée et sur les bords du Tibre ; mêmes
ruines, mêmes souvenirs d'un passé glorieux, mêmes
restes de monuments encore somptueux entourés aujour-
d'hui du vide et du silence. Mais ne nous livrons pas
à des considérations sur la chute des empires et revenons au pont Saint-Martin. Il est de construction arabe,
analogue à celle du pont d'Alcantara ; les deux têtes
sont également défendues par de pittoresques fortifications ; il a cinq arches, quatre petites et, au milieu, une
très grande d'une remarquable élégance. Au-dessous
du pont, le Tage coule entre des rives verdoyantes,
basses et bien plantées ; au-dessus, il écume comme un

torrent à travers les gorges, les rochers et les escarpe-
ments qui entourent la ville.

Sur une des plates-formes naturelles qui dominent
le fleuve, le roi Ferdinand et la reine Isabelle élevèrent,
en 1477, une des plus remarquables églises de Tolède ;
on la nomme *San Juan de los Reyes*. C'est une construction d'un style gothique bâtard et fleuronné, le
chevet est terminé en terrasse et couronné par une
riche galerie à jour. Tout autour des murailles pendent
à des crochets des espèces d'anneaux réunis deux à
deux ; ce sont des chaînes d'esclavage, les Maures les
attachaient aux jambes des malheureux qu'ils faisaient
prisonniers. Après la conquête de Grenade, elles furent
accrochées là en guise d'ex-votos. L'intérieur n'est
qu'une seule nef, dont la voûte repose sur des piliers
fort élevés ; malheureusement, cette belle architecture
est en partie masquée par d'immenses écussons en
pierre aux armes d'Aragon et de Castille, qui font un
déplorable effet. Le cloître qui touche à l'église est
d'une élégance parfaite, quoique les lignes des arcades
qui l'entourent soient trop violemment contournées ; on y
trouve l'ornementation la plus riche et la plus délicate :
contreforts ornés de fleurons, grandes croisées à colonnettes, frises d'animaux et de fleurs, statues de saints
au devant de chaque pilier ; tout un côté du cloître est
en ruines. Sous ces galeries, on a rassemblé une espèce
de musée lapidaire, composé de fragments trouvés dans la
ville ; on y voit des morceaux arabes d'un très haut intérêt.

En remontant vers la haute ville, nous entrons dans
l'ancienne mosquée rendue au culte catholique sous
l'invocation de *Santa Maria la Blanca ;* rien à l'extérieur ; mais l'intérieur est fort intéressant. De gros
piliers plantés en quinconces supportent une succession
d'arcs mauresques formant cinq nefs, plafonnées de

solives ornées; une série de délicats entrelacs en stuc
sont appliqués aux murailles. Le pavage est fait de
briques dont quelques-unes sont émaillées et forment
de charmantes mosaïques.

L'ancienne synagogue construite par l'argentier de
Pierre le Cruel est également devenue une chapelle,
sous le vocable de *Notre-Dame del Transito*. Elle n'a
qu'une nef très élevée, plafonnée en poutres de mélèze
finement sculptées ; les murailles sont revêtues de stucs
et ornées d'une très haute frise, véritable guipure,
appliquée sur des fonds coloriés. Au-dessus règne une
suite d'arcades trilobées, garnies de vitraux de couleur
encloisonnés dans une dentelle de plâtre. Toutes ces
délicatesses, en partie perdues sous des couches de
badigeon, sont remises au jour par les soins de la
Société d'archéologie.

L'hôtel de ville occupe un des côtés d'une place
triangulaire ; c'est un joli monument construit sous
Charles-Quint, terminé à ses extrémités par deux tourelles surmontées de clochetons. A droite, s'élève le
palais archiépiscopal, bâtisse lourde et insignifiante,
dont la seule particularité est d'être réuni à la cathédrale par une arche qui ressemble au pont des Soupirs
de Venise ; la façade principale de la cathédrale occupe
le troisième côté. Elle n'a rien de bien grandiose ; trois
grandes portes d'un gothique assez lourd, surmontées
de galeries d'arcades et de balustrades de l'époque de
la Renaissance, en composent toute l'ordonnance ; le
tout est couronné d'un fronton aplati et fort laid. Il
saute aux yeux qu'on a mis deux cent cinquante années
à construire cet édifice, et que chaque architecte lui a
imprimé le cachet de son époque sans s'inquiéter d'en
faire une œuvre d'ensemble et d'un style unique. L'immense flèche domine toute la ville et s'élance à une

hauteur prodigieuse ; elle est unique et termine un beau
campanile relié au monument principal. La porte la
plus remarquable s'ouvre sur la façade latérale sud ; on
la nomme *Porte des Lions* parce que quatre lions de
granit ornent le perron par lequel on y monte. A part
l'imposante majesté qui se dégage naturellement de cet
énorme monument dont les proportions sont vraiment
colossales, un examen plus approfondi de toute cette
architecture extérieure ne nous fournirait aucun ensei-
gnement de quelque intérêt.

On pénètre d'abord dans le cloître, grand quadrilatère
planté d'arbres tout parsemé d'une végétation luxuriante,
entouré de longues galeries à arcades ogivales fermées
par de superbes grilles. C'est le promenoir des chanoines et des prêtres attachés à la cathédrale ; ils lisent
leur bréviaire et causent tout en fumant des cigarettes.
Au-dessus, de vastes salles sont affectées à la bibliothèque du chapitre. On passe du cloître dans l'église
par une porte latérale sur laquelle retombe une lourde
portière de tapisserie ; on est saisi tout d'abord en
entrant par une étonnante impression de grandeur,
d'élévation, de splendeur. Les cinq nefs surmontées de
voûtes qui s'élèvent à des hauteurs inouïes sont d'une
richesse qui défie toute description ; un nombre infini
de rosaces, de larges verrières, de fenêtres de toutes
dimensions et de toutes formes, ornées de vitraux,
ajoutent à l'éclat du tableau. Le chœur s'étend des
deux côtés du transept ; au fond, s'élève un immense
retable tout en bois de mélèze doré, orné de bas-reliefs
peints en couleur et d'arabesques variées à l'infini ; à
droite du maître-autel, le tombeau des rois, à gauche,
celui du cardinal Mendoza, forment une incomparable
clôture. Le chœur proprement dit, c'est-à-dire l'endroit
où se réunissent les chanoines, est entouré sur trois

rangs de stalles merveilleusement sculptées placées sous
des niches dont les arcades retombent sur des colonnettes de marbre de différentes couleurs ; les dossiers
sont de véritables tableaux exécutés en mosaïque de
bois ; une clôture, espèce de muraille ornée à l'extérieur de bas-reliefs encadrés dans des arcs gothiques,
le sépare du reste de l'église.

Autour de la nef, les chapelles se succèdent, riches
comme des tabernacles, grandes comme des églises et
d'un grand effet décoratif. Il en est une située à droite
de la grande porte, qui se recommande à l'attention du
visiteur ; non pas qu'elle soit plus belle que les autres,
au contraire, elle est plus simplement décorée, mais
parce qu'elle représente un souvenir. Le culte chrétien
de la primitive Église s'était perpétué à Tolède pendant
tout le temps de la domination arabe, par suite d'un
traité passé entre les vainqueurs et les Tolédains. Pendant ces quatre siècles, certaines modifications étaient
survenues dans le rituel orthodoxe, et quand Alphonse VI
reprit Tolède, les fidèles observaient encore les cérémonies de l'ancien culte. Ils demandèrent à conserver
leurs vieux usages ; le pape y consentit, et désigna
deux paroisses et une chapelle dans la cathédrale, où
l'on pourrait prier selon le rite qu'on désigna sous le
nom de mozarabe.

La salle capitulaire placée derrière le chœur est
d'une magnificence plus que royale. On y entre par une
antichambre ornée de boiseries sculptées dans le style
de la Renaissance ; le plafond est à poutrelles caisson-
nées noir et or. Une porte entourée d'un encadrement
du meilleur goût et de la plus extrême finesse conduit
à la salle du conseil ; l'ouverture en est masquée par
un beau rideau rouge de vieux damas des Indes dont
la note puissante s'ajoute à ce joli effet ; trois grands

écussons entourés de guirlandes de fruits surmontent
le chambranle et complètent cet ensemble. Tout cela
est juste, bien à sa place; on se croirait chez un artiste
amoureux de son intérieur, si la sévérité et la noblesse
de ce luxe grandiose n'évoquaient des idées d'un ordre
plus élevé. La grande salle est magnifiquement plafonnée dans le même style que la précédente; deux
rangées de stalles sculptées et incrustées garnissent les
murs; au centre s'élève le trône de l'archevêque. Les
portraits des archevêques de Tolède sont chronologi-
quement disposés dans une frise qui règne tout autour
de la muraille. Cette disposition est superbe; en même
temps chambre d'un conseil royal et chœur d'une cathédrale, la salle capitulaire a une imposante majesté dont
l'Église seule a le secret.

La sacristie est une grande galerie dont la voûte est
peinte par Luca Giordano; il y fourmille un monde
d'anges et de gens dans les poses et les raccourcis les
plus extravagants. C'est un tour de force qui surprend,
mais qu'on n'admire pas. Giordano était élève de Ribera,
peintre ordinaire de Charles II et le praticien le plus
expéditif qui fut jamais; ses amis l'avaient surnommé
Luca fa presto. Au fond, sur l'autel un bon tableau
par Domenico Theotocophuli, dit le Greco, peintre
un peu fou qui craignait toujours d'être pris pour un
imitateur du Titien, ce qui n'eût pas été si mal cependant.

Tout à côté se trouve la chapelle de la Madone,
salle circulaire à coupole; elle est revêtue et décorée
des marbres les plus variés, des porphyres les plus
riches, des brèches de toutes les couleurs, reliés par
des ornements de bronze doré. Quatre grandes niches
se faisant face, deux à deux, fermées par des glaces,
renferment les reliquaires les plus merveilleux, les

ciboires d'or ciselé, les ostensoirs, un trésor d'une
richesse inouïe au milieu duquel la pièce la plus remarquable est la grande châsse donnée par saint Louis ;
elle renferme un morceau de la vraie croix. Derrière
cette chapelle, dans une espèce de vestiaire on conserve
dans de grands meubles à coulisses les splendides
devants d'autel brodés d'or et d'argent, dont quelques-uns remontent au xive siècle, les chasubles des
grandes cérémonies et la tente du roi Ferdinand,
immense velum de drap d'or brodé et écussonné, qui
peut recouvrir aisément un espace de cinq à six mètres
de côté. Le vrai trésor, c'est-à-dire le trésor spécial de
la Madone, composé de robes couvertes de perles et de
pierres fines, de couronnes de diamants et d'émeraudes,
de colliers de perles noires, est enfermé maintenant
dans une des tours ; pour ouvrir la chambre qui le
contient, il faut réunir tout le chapitre, car chaque
chanoine possède une clef ouvrant une serrure différente ; aussi ne le fait-on voir qu'aux rois et aux princes
qui en font spécialement la demande. On sort tout
étourdi de ce temple immense, aussi étonnant par lui-
même que par les richesses qu'il contient. C'est une
réunion inouïe de chefs-d'œuvre et de merveilles.

Philippe II ayant voulu acheter auprès de Tolède de
grands terrains pour y créer une somptueuse résidence,
trouva qu'on voulait les lui vendre trop cher, et fit
l'acquisition de l'aride désert où s'élève aujourd'hui le
palais de l'Escurial. La cour quitta la ville ; depuis
cette époque Tolède perdit son importance et son titre
de capitale au profit de Madrid.

Nous n'avons pu visiter la manufacture d'armes de
l'État ; on n'y trempe du reste à présent que quelques
sabres pour l'armée, les armes de luxe se fabriquent

dans différents ateliers particuliers. Chez un de ces petits fabricants, nous avons vu de fort beaux poignards et des épées délicieusement damasquinées, possédant une trempe nerveuse et souple : un coup de poignard bien appliqué traverse net une pièce de monnaie de bronze sans que la pointe en soit éraillée ; la trempe de l'eau du Tage est encore bonne. Les poignées et les gardes sont du meilleur style, les armuriers copient les beaux modèles du xvie siècle.

En quittant Tolède, un splendide soleil couchant dorait et éclairait la ville, nous ne cessions d'admirer ce superbe tableau, tandis que le train nous emportait au loin, jusqu'à ce que la distance en eût effacé les détails et noyé les contours dans la brume empourprée de l'horizon.

PORTUGAL

CHAPITRE IV

LISBONNE

Nous quittons Madrid le soir, et le lendemain le petit jour nous révèle un étrange pays, véritable désert de pierres, grès tordus en tous sens jonchant le sol de tous côtés. A perte de vue, ce ne sont que coteaux et crêtes parsemés d'innombrables rochers se dressant les uns contre les autres, laissant pousser entre eux, sur une terre poudreuse et jaune, quelques herbes rabougries bien vite desséchées par le soleil. De temps

en temps surgit un arbrisseau tordu par le vent, chêne
nain dont la présence au milieu de ce chaos en augmente
peut-être l'aridité. C'est la Sierra d'Estrella : pas d'eau,
pas d'habitants, pas d'animaux, rien ; et cela pendant
plusieurs heures, quoique nous soyons rapidement emportés par le train du Sud express à travers cette contrée bizarre et sauvage. Plus loin cependant quelques
maigres filets d'eau, entraînant à leur suite les pierres
qu'ils rencontrent en chemin, finissent par se creuser un
lit. Bientôt le chêne-liège au tronc puissant, aux rameaux
tordus, apparaît à côté des sapins ; quelques rares portions d'une terre rouge portent des traces de culture,
quelques animaux maigres paissent l'herbe sèche et
courte. Enfin c'est la vie qui renaît, vie bien précaire et
bien rude au milieu de ces solitudes abruptes, de ces
forêts sauvages que le soleil du midi brûle en été, que
la neige et le vent du nord glacent en hiver. De loin
en loin, quelques agglomérations de maisons nous
montrent que là, comme partout, l'homme a besoin
de vivre en société et de se grouper autour de son
clocher.

Ce désert se nomme la province d'Estramadure.
Elle était, paraît-il, renommée dans l'antiquité pour sa
fécondité ; qui pourrait s'en douter aujourd'hui ? Depuis
l'expulsion des Maures, elle est devenue la plus pauvre
des provinces de l'Espagne ; elle se dispute, avec la
Manche, la palme de la misère, de l'ignorance et de la
sauvagerie.

Entre l'Espagne et le Portugal, la Sierra d'Estrella
forme un obstacle aussi difficile à franchir que celui
qui s'élève entre l'esprit des deux peuples.

Le Portugal est complètement séparé de l'Espagne ;
coutumes, mœurs, tendances, tout est différent ; cela
tient-il aux guerres qui divisèrent le pays pendant tout

le Moyen-Age ; est-ce une conséquence de la différence
des races, toujours est-il que le fait existe.

Nous voici donc en Portugal, et nous en sommes
avertis par un véritable changement de décors. La
route traverse maintenant de jolies fermes, des champs
bien cultivés, et s'en va de village en village, nous permettant d'examiner le charmant costume des gens du
pays, la finesse de leurs attaches, la vigueur de leurs
muscles, car hommes et femmes ont toujours les jambes
nues. Nous débouchons presque à l'improviste dans la
vallée du Tage, immense plaine d'air et de lumière. Le
fleuve large et puissant roule, par suite des pluies
récentes, des eaux bourbeuses et jaunes. La voie du
chemin de fer le franchit sur un pont métallique situé à
une grande hauteur ; du milieu de cette traversée
aérienne, on aperçoit en amont la jolie ville de Cons-
tancia, coquettement située sur une sorte de promontoire. De l'autre côté, le Tage s'écoule majestueux
entre deux rives élevées ; sur ses eaux naviguent de
grandes barques d'un élégant modèle, armées de voiles
latines ; on les nomme frégates ou gabares ; elles transportent les récoltes, les grosses marchandises, les vins,
les huiles, les oranges, les laines, les cuirs, le liège, en
un mot tous les produits du pays, car le Tage est la
seule grande route, et la frégate est le seul véhicule
qui mettent en communication les nombreuses villes
établies sur ses bords.

Plus loin la vallée s'élargit, les rives s'aplatissent,
laissant à découvert de vastes étendues de terrains bas ;
ce sont des pâturages où l'on élève des troupeaux de
chevaux. Enfin le Tage s'étale dans un immense bassin
de seize kilomètres de large, véritable lac peuplé de
navires à l'ancre, qu'on appelle la *Mer de Paille*. De

LE TAGE ET LA TOUR DE

jolis coteaux piqués de villes et de villages bornent
l'horizon, tandis qu'au travers des mâtures et des agrès,
on devine au loin l'embouchure du fleuve et la ligne
infinie de l'Océan.

Lisbonne et le Tage sont à bien des points de vue le
complément l'un de l'autre ; il est certain que tous ces
magnifiques paquebots, ces vaisseaux de guerre, cette
quantité prodigieuse de navires de toutes sortes, de
toutes grandeurs et de toutes nations sont mouillés dans
les eaux du fleuve, parce qu'une grande ville, superbe
capitale, s'étale royalement sur ses bords. Mais si cette
ville s'est fondée, accrue, développée au point de
prendre la grande importance que nous lui voyons
aujourd'hui, c'est au Tage qu'elle le doit, et à la facilité
que trouvent les navires du plus fort tonnage à jeter
l'ancre en face des magasins et des arsenaux d'une capitale. Cette cause de prospérité bien mise en évidence,
et le désir d'augmenter les transactions commerciales
avec les autres nations, ont secoué l'indolent Portugal,
excité les volontés et fait sortir les piastres des caisses
où elles étaient enfouies. De magnifiques travaux entre-
pris à grands frais sont en train de transformer la ville
de Lisbonne.

Lorsqu'on vient de la mer et qu'on arrive à Lisbonne
en pénétrant dans l'embouchure du Tage, le spectacle
est tellement grandiose qu'il a été mis en parallèle avec
la vue de la baie de Rio-Janeiro ou l'entrée du Bos-
phore. Au milieu d'un vaste estuaire s'élève un phare
placé sur un îlot de rochers, pour indiquer l'entrée de
la passe. A gauche, les charmantes villas de Cascaës,
le Trouville portugais, sont abritées des ardeurs du
soleil sous les ombrages de leurs palmiers et d'une
végétation merveilleuse. C'est le rendez-vous de l'aristocratie ; le duc et la duchesse de Bragance y viennent

fidèlement tous les étés passer quelques semaines dans
un modeste chalet. A droite, on aperçoit au loin Setubal, célèbre par les bois d'orangers qui produisent les
meilleurs fruits de toute la péninsule. Au fond, une
levée de sable, sorte de digue naturelle, ferme l'entrée
du fleuve, et ne laisse aux navires qu'une passe libre,
relativement étroite ; c'est en forçant cette entrée fortifiée que l'amiral Roussin put en 1831 venir mouiller sa
flotte en face de Lisbonne et chasser les Miguélistes qui
s'étaient emparés de la capitale. Quand la passe est franchie, on entre dans le Tage ; presque aussitôt ses rives
s'écartent pour former un second estuaire bordé par des
coteaux aux silhouettes gracieuses, émaillés de villes,
de petits ports, de villages et de villas encadrées dans
la verdure. Les navires surpris au large par la tempête
peuvent trouver un refuge dans cet immense bassin
sans remonter jusqu'à Lisbonne. Au delà, l'entrée du
port est strictement protégée par un vigilant service de
douane, et défendu par de nombreuses pièces de canon,
le tout installé dans la tour de Belem. Ce délicieux
monument, placé sur une pointe de lagune, qui s'a-
vance dans le fleuve, avait été construit par Jean II,
en 1470, et nommé le fort Saint-Vincent. Garcia de
Resende, le chroniqueur, en fut l'architecte ; c'est un
donjon carré à deux étages, le premier est couronné par
une galerie crénelée supportée par des mâchicoulis ; le
second, également crénelé de petits créneaux triangulaires dans le genre mauresque, porte aux quatre
angles d'élégantes tourelles en poivrières, terminées
par un dôme côtelé. Ce vieux donjon, orné de jolies
loggias accrochées sur chacune de ses faces, est entouré
d'une grande terrasse crénelée dont les murs baignent
dans les eaux du Tage.

Cet édifice, dont le style général est gothique, est

tellement bien assis sur ses fondations, les pierres de taille qui ont servi à sa construction ont été mises en œuvre avec un tel soin et une telle science qu'aucun tremblement de terre n'a jamais pu l'ébranler ; il est aussi solide aujourd'hui que le lendemain de son achèvement. Le temps a revêtu ce précieux joyau d'un manteau de pourpre et d'or, qui lui donne un caractère plus original encore. Cette forteresse est confiée à la garde de quelques artilleurs, et d'une douzaine de gros canons qui dorment d'un air menaçant, couchés sur les remparts. Ils ont servi ; voici l'histoire : Au temps de la guerre de sécession, un capitaine américain voulut relâcher à Lisbonne; il arrive donc dans le Tage avec un navire parfaitement armé comme doit l'être tout corsaire qui veut se faire respecter. Le poste de la très sévère et très méticuleuse douane portugaise installée à Belem, voyant passer un navire qui n'a pas l'air de se douter de sa présence et de son importance, détache une barque, fait signaux sur signaux, rien n'y fait ; l'Américain file toujours. Les artilleurs s'élancent alors à leurs pièces et décochent au trop libre capitaine quelques boulets inoffensifs. L'équipage indigné voulait donner une leçon à ces Portugais malappris, en démolissant un peu leur espèce de château fort : « Il serait tellement regrettable, leur dit le capitaine, de gâter un si gracieux monument que je ne puis y consentir. » Et les fils de la jeune république passèrent, sans se soumettre aux usages du vieux monde, mais en respectant ses arts et leurs merveilleuses productions.

Derrière la tour, le populeux faubourg de Belem, réunion assez bizarre de palais, de masures et d'usines, s'étend sur une rive plate bordée de maisons. Au fond, apparaît comme un splendide décor le célèbre couvent des moines de Saint-Jérôme; un peu plus loin, le palais

de Bragance peint en rose s'élève au-dessus d'un encadrement de verdure. Puis on passe devant les filatures
du comte Daupias, le plus grand industriel du royaume,
qui emploie cinq mille ouvriers et ouvrières à tisser
tous les *punchos* et les couvertures bariolées du Portugal. Ce grand seigneur filateur est en même temps un
amateur de peinture très éclairé ; il a formé une des
plus belles galeries que l'on puisse voir ; notre école
française moderne y est largement et brillamment
représentée. Ce comte Daupias est une puissance : lors
du renouvellement du traité de commerce avec l'Angleterre, trouvant que ses produits n'étaient pas suffisam-
ment protégés, il vint réclamer auprès du ministre ;
mais le traité était signé, il n'y avait plus rien à faire.
Le comte ne dit rien, ferma ses usines et lâcha, pendant
quelques jours, sur le pavé de Lisbonne, ses cinq mille
ouvriers ; c'était une révolution à courte échéance. Le
gouvernement s'empressa de faire insérer au traité un
article additionnel et obtint ainsi de M. Daupias de faire
rentrer dans l'ordre ses turbulents auxiliaires.

Le lazaret, grand bâtiment peint en jaune, est situé
sur les coteaux d'Aluvade, en face de la tour de Belem ;
c'est là que les malheureux venant d'un pays où règne la
fièvre jaune ou quelque autre maladie de ce genre
subissent leur quarantaine. Les passagers sont cloîtrés
sous la garde de douaniers, et les marchandises sont
soumises à des fumigations qui doivent les assainir.

Après le temps d'arrêt obligatoire, nécessaire pour
recevoir du service de la santé l'autorisation de passer,
les navires entrent à Lisbonne.

Le panorama est véritablement féerique : à droite,
des coteaux solitaires et gracieux tombent directement
dans le Tage, projetant sur ses eaux une ombre épaisse
que perce la blancheur de quelques rares habitations.

A gauche, la grande ville s'étale sur la pente de ses
sept collines; le soleil qui la frappe en pleine face la
fait étinceler sous une lumière tellement intense que
toutes les demi-teintes disparaissent : palais rouges,
couvents jaunes, églises blanches, maisons revêtues de
faïences de toutes couleurs, verdure pâle des agavés
et des poivriers, vert foncé des grenadiers et des figuiers,
tout se noie dans le splendide éclairage de ce merveilleux tableau, qui se prolonge à l'infini.

Le paquebot s'arrête devant la place du Commerce.
Elle est ouverte du côté du Tage par une longue balustrade et un élégant débarcadère; les trois autres côtés
sont occupés par des palais, d'architecture uniforme,
supportés au rez-de-chaussée par des galeries à arcades.
Au fond, en face du débarcadère, un arc de triomphe
indique l'entrée de la rue Augusta, une des principales
voies de Lisbonne; au centre, s'élève, sur un très riche
piédestal, la statue équestre du roi Joseph Ier, le
Louis XIV portugais; dans le pays on appelle cette statue le *Cheval de bronze.*

L'arsenal est situé tout près de la place du Commerce, et la gare n'en est pas éloignée; aussi le Tage
est-il littéralement encombré en cet endroit par une
énorme quantité de navires, et le *Vasco de Gama*, le
seul cuirassé que possède la marine portugaise, étend,
d'un air imposant, son pavillon bleu et blanc pour protéger cette flotte immense. La gare marque une des
extrémités de la ville; au delà, ce n'est plus qu'un faubourg.

En face de Lisbonne, la petite ville de Cacillas est
en communication avec la capitale par un va-et-vient
perpétuel de bateaux à vapeur. Pittoresquement assise
sur une espèce de promontoire, elle possède un joli
petit port et tire une grande importance de ce qu'elle

est le seul point où les routes du Sud aboutissent à Lisbonne. A la pointe de Cacillas, commence la *Mer de Paille*, qui s'étend jusqu'aux collines d'Arrabida, puis le fleuve s'enfonce dans les terres, toujours grandiose, mais solitaire, égayé de temps à autre par les voiles des barques, qui seules remontent au delà de Lisbonne.

Du haut de la colline qui domine Cacillas, on peut jouir dans son entier du merveilleux coup d'œil qu'offrent Lisbonne et le Tage. Au milieu du jour, la lumière est tellement vive que l'œil a de la peine à la soutenir, et les objets semblent beaucoup plus rapprochés qu'ils ne le sont réellement. Le soir, lorsque le soleil descend dans la mer, comme un globe de feu noyé dans une vapeur de pourpre, il se répand sur ce vaste tableau une clarté extraordinaire ; tout devient jaune et rose ; le pays, les fleurs, les maisons, les montagnes, sont baignés dans des lueurs incandescentes.

Les collines sur lesquelles est assise la ville de Lisbonne étaient encore, au commencement de ce siècle, au nombre de sept, ce qui lui donnait une certaine analogie avec Rome ; mais, grâce à son rapide développement, elle a embrassé depuis quelques années, dans sa nouvelle enceinte, plusieurs éminences nouvelles, toutes couronnées par un monument qui en marque le point culminant : d'abord le palais d'Ajuda, très vaste construction commencée par l'architecte italien Fabri, d'après les ordres de don Pedro, pour servir de résidence aux empereurs du Brésil. Si la séparation du Brésil et du Portugal n'a pas rendu cette construction inutile, du moins le plan primitif a-t-il été jugé beaucoup trop considérable ; le palais a été réduit à ses proportions actuelles, c'est-à-dire au quart de ce qu'il devait être ; il ne présente plus qu'une des quatre façades de l'immense quadrilatère projeté par don Pedro.

Le palais *das Necessitades*, ancien couvent, dont le
roi Fernando avait fait sa demeure, s'élève sur une autre
plate-forme d'où la vue s'étend sur tout le cours du
Tage et domine la rade. Le sommet d'une troisième
colline est occupé par la jolie église d'*Estrella* ou du
Sacré-Cœur de Jésus, somptueuse construction d'un
goût assez peu châtié, commencée en 1779 et achevée
en dix années par la reine dona Maria. Vers le centre
de la ville on aperçoit les hautes murailles de l'ancienne
citadelle, et, dans son voisinage, la vieille cathédrale
gothique, *la Sée*, comme on la nomme dans le pays,
placée sous l'invocation de saint Vincent, patron de Lisbonne.

Des navigateurs, guidés par quelques corbeaux, dé-
couvrirent le corps du bienheureux martyr au Promonto-
rium Sacrum, qui dès lors prit le nom de cap Saint-Vincent. Pour rappeler ce souvenir, le saint a été représenté
avec un vaisseau et des corbeaux ; le vaisseau fait partie des armoiries de la ville de Lisbonne, et la cathédrale a toujours, depuis cette époque, nourri quelques
corbeaux.

Autour de ces deux monuments, on trouve groupé
tout ce qui subsiste du vieux Lisbonne : ruelles étroites
et tortueuses, escaliers délabrés, maisons sales, curieuses
industries et vilaine population.

Tout le long des quais, depuis le pont d'Alcantara,
auprès du faubourg de Belem, jusqu'à la gare du chemin de fer de Madrid, règne une activité fiévreuse, bien
différente de la douce torpeur dans laquelle tout le
reste de la ville est endormi ; c'est que les quais de
Lisbonne sont le royaume des *Gallegos* et des *Varinas*,
deux types bien francs et bien remarquables.

A Lisbonne, on désigne communément sous le nom

de *gallegos* les portefaix, les commissionnaires, les porteurs d'eau et tous les gens qui se chargent des ouvrages les plus pénibles. Les individus qui remplissent ces fonctions, auxquelles le plus misérable des Portugais dédaignerait de se livrer, sont tous originaires de la Galice. Ils sont robustes, économes et laborieux; leur physionomie rappelle celle de nos montagnards de la Savoie et de l'Auvergne, poussés comme eux vers les grandes villes de France pour se charger des plus rudes travaux. Les *gallegos*, vêtus d'un caleçon de toile bleue, d'une chemise en hiver, le torse nu en été, coiffés d'un gros bonnet de laine vert, portent généralement les fardeaux sur la tête; quand l'objet est trop lourd, ils se réunissent deux, quelquefois quatre, et, au moyen de cordes passées sur leurs épaules, le transportent à des distances considérables. C'est ainsi qu'ils effectuent tous les déménagements de la ville.

La *varina* est la compagne du *gallego;* mères, femmes, filles ou sœurs, les varinas forment, avec les gallegos, une grande famille. Leur principale occupation est la vente du poisson; à peine une barque touche-t-elle au quai devant le marché, que les varinas accourent, chargent un grand panier plat qu'elles se posent sur la tête, et s'en vont par les rues vendre leur marchandise. Leur costume est original : elles ont sur la tête un chapeau rond en feutre noir à larges bords retroussés ; sur la poitrine, un fichu de couleur ; autour de la taille elles enroulent un châle de laine noire dont elles s'enveloppent par les mauvais temps. Les jupes sont courtes, mais la mode chez ces dames les veut très bouffantes, elles ont les jambes et les pieds nus, et quels pieds ! toutes des pieds de duchesse, bien attachés, bien cambrés, d'une coloration vive et fraîche, et ne portant aucune trace des rudes promenades sur le détestable

pavé de la ville. Depuis les fillettes de huit à dix ans
jusqu'aux plus vieilles, elles s'en vont marchant des
hanches pour conserver l'équilibre de leur fardeau, cam-
brant la jambe en arrière et la taille en avant, criant
d'une voie aiguë leur marchandise ; il y en a beaucoup
de jolies, mais presque toutes sont bien faites. Cette
population galicienne se marie entre elle et a beaucoup
d'enfants. La varina remplace souvent la marchandise
vendue par un enfant qu'elle porte sur la tête. Ces
belles filles ont une passion frénétique pour les bijoux ;
elles se privent de tout, mais achètent des colliers et
des boucles d'oreilles ; plus ils sont gros, larges, dis-
proportionnés, plus elles sont heureuses. Lorsque les
courses sont terminées, la varina vient aider son gallego et gagne encore quelques reis à porter sur sa tête
des briques ou du charbon ; sans gêne et sans malaise,
elle s'en va, les poings sur les hanches et la tête droite,
de la gabare au magasin, portant la charge réglementaire de cinquante kilos.

Nous avons essayé de rendre le superbe spectacle
qu'offre la ville de Lisbonne vue du milieu du Tage,
mais à peine est-on débarqué que l'impression joyeuse
qu'il fait naître est remplacée par une pénible surprise.
Dans toute la longueur de ses superbes quais se dressent
d'horribles maisons, de vilaines usines ou magasins et
quelques mauvais monuments dénotant chez leurs
auteurs un profond mauvais goût. Il n'y a que deux
exceptions à faire à ce jugement sévère, mais triste :
la place du Commerce dont nous avons parlé tout à
l'heure, et le palais d'Abrantès où réside la légation de
France. Ce n'est pas qu'il faille recommander ce dernier comme un type d'une belle architecture, mais, placé
au sommet d'une pente très raide dont les agavés et les
lentisques se disputent le terrain, il forme avec l'ancien

couvent de Santos un groupe bizarre de constructions peintes en rouge et de jardins en terrasses au-dessus desquels s'élève le clocher de l'église. A l'intérieur, le palais offre encore quelques restes de l'ancienne splendeur de ses propriétaires : un beau vestibule, deux grands salons décorés de peintures, un cabinet dont les murs et la voûte sont entièrement recouverts de plats, des faïences et des porcelaines les plus rares. Voilà pour les appartements d'apparat; les fenêtres qui les éclairent donnent de plain-pied sur un magnifique jardin et sur une terrasse qui domine le Tage et d'où l'on a, sur la ville et la rade tout entière, une vue merveilleuse. A côté de ces appartements on a ménagé une chapelle ornée de boiseries peintes, de tableaux et d'objets d'art. Par un soin religieux, rien n'a été changé depuis la création de ce charmant oratoire, de sorte qu'il a conservé tout son parfum intime et son caractère artistique[1].

L'impression pénible qu'on éprouve en débarquant sur les quais ne fait qu'augmenter à mesure qu'on s'enfonce dans la ville en gravissant péniblement les pentes des rues fort mal pavées. L'aspect général est banal, sale dans les vieux quartiers, triste et solitaire dans les quartiers neufs; quelques places où l'on a élevé des statues à la gloire de Joseph Ier, de Camoëns, du duc de Terceira et de don Pedro IV, quelques squares, quelques jardins publics, la belle promenade de l'Avenida, jettent bien à travers la ville de grandes zones d'air et de soleil; néanmoins Lisbonne est une ville triste, elle porte l'empreinte de la torpeur.

1. Le poste de Lisbonne, un des plus enviés de la diplomatie française, est actuellement occupé par M. A. Billot, qui joint à la haute distinction de son caractère une charmante affabilité, très précieuse pour ses compatriotes; ils sont sûrs de trouver auprès de lui l'accueil le plus cordial et la sympathie la plus délicate.

Sans compter la peste de 1570 qui fit périr plus de soixante mille victimes, Lisbonne subit deux siècles plus tard un épouvantable désastre : un tremblement de terre d'une violence sans précédent secoua, le 1er novembre 1755, la capitale du royaume de Portugal. La moitié de la ville fut renversée, jonchant les rues de débris et de morts ; les monuments, les églises, les maisons s'écroulèrent, et il fallut l'énergie et le génie du marquis de Pombal pour faire surgir de ces ruines toute une ville nouvelle. Depuis cette époque les architectes portugais ont adopté un système de construction tout particulier : sur des fondations en maçonnerie, on élève une cage en charpente ; pans de bois extérieurs, cloisons intérieures, planchers, combles, portes et fenêtres, tout se tient par une multitude d'assemblages et l'on assure ainsi la stabilité générale contre les secousses futures. Quand toute cette charpente est montée, on place sur les combles une couverture le plus souvent en tuiles, les façades sont hourdées et crépies, quelquefois elles présentent un système architectonique complet : corniches, bandeaux, pilastres se détachant en saillies, mais le plus souvent elles sont revêtues de carreaux de faïence vernissés qui forment mosaïques et brillent au soleil d'un très vif éclat.

Revenons à Pombal, à qui appartient l'honneur de la reconstruction de Lisbonne ; c'est une figure historique à laquelle nous devons un souvenir. Don Sébastien Joseph de Carvalho e Mello, comte d'Oeyras, créé en 1770 marquis de Pombal, était né à Soura, près de Coïmbre. Ministre des affaires étrangères sous Joseph Ier, il créa les compagnies des Indes et du Brésil, rétablit l'ordre, réédifia les monuments renversés pendant le tremblement de terre et en construisit de nouveaux. Nommé premier ministre et agissant avec un pouvoir absolu, il profita d'un complot dirigé contre la vie du roi par le duc d'Aveiro et la famille des Tavora, pour frapper la haute aristocratie du royaume, qui devenait trop turbulente à son gré. Les jésuites furent impliqués dans l'affaire comme ayant excité les conjurés par l'entremise du père Malagrida, confesseur de la marquise de Tavora. Ils furent expulsés du royaume et Malagrida livré au tribunal de l'Inquisition. Le marquis de Pombal réorganisa l'administration ; armée, industrie, marine, agriculture, tout fut amélioré. Cependant à la mort de Joseph Ier, en 1777, il fut exilé. Il mourut en 1782, laissant une fortune considérable ; son corps repose dans l'église de Pombal, aucun ornement extérieur ne témoigne de la puissance qu'il a exercée. La reconnaissance de ses concitoyens ne lui a pas élevé de statue, mais il eut bien soin de placer son propre médaillon au pied de celle qu'il fit ériger à Joseph Ier. Après sa chute le médaillon fut enlevé ; mais, en 1833, le roi don Pedro le fit replacer. La famille de Pombal habite aujourd'hui la jolie quinta d'Oeyras, située au bord du Tage ; c'est une splendide demeure avec des jardins magnifiques, ornés de fontaines, de balustrades et de mauvaises statues.

Parmi les créations de Pombal, nous devons citer le théâtre San Carlos, où l'on chante l'opéra en italien, non pas que l'architecture en soit belle, il s'en faut ; cependant, si l'extérieur n'est pas séduisant, l'intérieur est très bien disposé et la décoration fait bon effet. Les Portugais sont amateurs de bonne musique et ne craignent pas de faire des sacrifices pour satisfaire leur goût. Les meilleurs artistes passent sur la scène de Lisbonne ; aucune étoile ne leur semble trop brillante, ni venir de trop loin. La troupe ordinaire, chargée de seconder le grand rôle, est composée d'artistes de mérite.

Il est impossible d'en dire autant du corps de ballet,
c'est du dernier ordre. L'orchestre est bon, et, chose
rare, travaille à se perfectionner. Au théâtre Dona Maria,
situé place du Rocio, on joue la comédie et la tragédie
nationale. Quelques salles d'ordre inférieur s'ouvrent
chaque soir à un public très avide de ce genre de dis-
tractions. Enfin, il y a là le cirque où s'exhibent tous
les gymnastes, les dresseurs, les animaux savants et
les clowns ; il est fort largement aménagé et sert de
lieu de rendez-vous à tous les flâneurs de la ville.

On désigne sous le nom gracieux d'*Avenida* une
belle promenade, située presque au centre de la ville ;
elle commence derrière la place du Rocio pour s'étendre
jusqu'à un grand parc que l'on doit créer un jour ; mais,
en attendant ce jour désiré, l'Avenida aboutit à des terrains vagues où l'on a construit les bâtiments de l'Exposition. Dans la grande allée du milieu, on peut voir, les
dimanches, se croiser les plus brillants équipage. Le
roi, qui aime beaucoup à se montrer, ne dédaigne pas de
venir se mêler à la foule de ses sujets ; les piétons se
promènent sur les bas-côtés plantés d'arbres. A l'entrée
de l'Avenida, on a élevé un somptueux monument,
colonne et fontaine tout à la fois, dédié aux victoires
remportées par les Portugais.

L'Exposition des produits des arts et de l'industrie
est installée dans un grand pavillon en planches, orné
d'une quantité considérable de drapeaux. Les tissus et
la céramique sont ce qu'il y a de plus intéressant ; les
beaux-arts ont besoin de beaucoup d'encouragements.
L'Avenida occupe le fond d'une véritable vallée, et les
pentes sont raides pour remonter dans la ville. Afin
d'éviter cette fatigue aux Lisbonnais, on a établi un
tramway funiculaire qui circule dans la rue dont l'incli-
naison est la plus forte. Du reste, le tramway est le

genre de locomotion généralement usité, il y en a de tous
côtés ; sur quelques lignes même, la circulation est telle
que plusieurs compagnies concurrentes font suivre le
même chemin à leurs voitures, mais la compagnie con-
cessionnaire a seule le droit de se faire faire place et
de déranger de leur chemin les charrettes et les fiacres ;
de sorte que, à chaque instant, les autres tramways
quittent le rail et roulent sur le pavé avec un bruit épouvantable et des cahots exagérés que supportent patiem-
ment les voyageurs. La grande compagnie a voulu se
débarrasser de toutes ces concurrences ; mais il a été
jugé qu'en accordant le droit de placer des rails sur la
voie publique, la municipalité ne pouvait s'opposer à ce
que toute autre personne puisse s'en servir. Grâce à ce
système, il y a un nombre considérable d'accidents ; les
deux ou trois mules qui composent l'attelage tombent
souvent à la fois, les voitures sont accrochées, les piétons sont renversés, mais tout s'arrange sans cris, sans
bruit, toujours avec un à-propos et une patience remarquables.

Les voitures de place sont toujours attelées de deux
chevaux ; les cochers, très adroits, descendent au grand
trot des rues dont la pente est tellement effrayante qu'il
est bien pardonnable d'éprouver de réelles inquiétudes,
mais, avec le temps, on acquiert une confiance absolue
dans la mécanique de la voiture, les fers des chevaux
et la main du cocher. Lorsque le prince et la princesse
royale reviennent de l'Opéra, ils descendent jusqu'au
quai par une rue non seulement très inclinée, mais
occupée en outre par la voie d'un tramway ; les quatre
ou six mules qui traînent le landau princier, les piqueurs
en avant et l'escorte en arrière, descendent au galop ; cette
cavalcade, enveloppée de grands manteaux sombres, a
l'air de s'abîmer dans un gouffre.

Le duc de Bragance, prince héritier de la couronne, et la princesse royale Marie-Amélie d'Orléans, fille du comte de Paris, forment un couple jeune, élégant, radieux, sur lequel la vie jusqu'à présent n'a fait qu'effeuiller des roses. Le ciel a béni cette union et leur a envoyé un bel enfant, prince de Beïra ; cette charmante famille occupe à Lisbonne le palais de Belem ; avec ses murs roses, avec ses toits bas qui s'enfoncent dans la verdure des orangers sans régularité, sans plan uniforme adopté, ce palais ressemble plutôt à la villa d'un riche particulier qu'à la demeure d'un prince royal ; si, d'après Buffon, « le style c'est l'homme », il serait bien juste de dire que cette maison représente exactement un des côtés saillants de ce ménage princier ; rien ne fait mieux pressentir la simplicité élégante de leur existence, l'affabilité et la grâce de leur accueil, le bonheur et l'heureuse harmonie qui règnent dans cette demeure, que ces vestibules ouverts à tout venant, ces salons, meublés de toutes les productions du génie moderne et d'objets d'art des plus belles époques, placés là sans faste et sans apparat. Le palais de Belem ouvre rarement ses portes aux réceptions officielles ; la princesse a son jour et reçoit les dames qui lui ont été présentées ; en dehors de cela, liberté complète : promenades à cheval le matin ; dans la journée, chasses ou promenades en yacht sur le Tage, théâtre le soir, occupent agréablement le temps. A ces plaisirs, il faut ajouter les réceptions chez la reine Maria Pia, reine par la naissance, reine par le rang qu'elle occupe, mais surtout reine par le caractère et la majesté qui lui est propre. Au milieu de cette vie si remplie, un Français fait-il demander une audience, la chère compatriote, l'enfant de France, l'auguste princesse accourt, simple, bonne, toute souriante, heureuse de parler de ce qui se

passe là-bas ; là-bas où elle a passé sa jeunesse, là-bas
où elle ne retournera peut-être jamais, mais où elle a
laissé des amis auxquels elle pense et qui ne l'ou-
blient pas. Avec ces rares qualités, il n'est pas étonnant que la princesse de Bragance ait été promptement
adorée des Portugais.

La place Don Fernando, qui se trouve juste en face
du palais de Belem, est un grand terre-plein planté
d'arbres en quinconces ; il se termine du côté du Tage
par une longue balustrade et un escalier monumental
où les barques peuvent accoster. C'est là que fut dressé
l'échafaud sur lequel, le 13 janvier 1759, se termina la
funèbre tragédie dont le duc d'Aveiro et la famille
Tavora avaient été les principaux auteurs. Les cou-
pables furent roués, écartelés, eurent la tête tranchée,
puis les corps furent brûlés et les cendres jetées au
vent. La marquise de Tavora n'eut d'autre grâce que
d'être tuée d'abord et exposée sur la roue ensuite. Longtemps on a reproché à Pombal cet excès de cruauté, il
s'en défendait en prenant l'exemple de Damiens pour
excuse. Le palais de Tavora situé à Belem fut rasé, il
n'en reste plus trace aujourd'hui.

CHAPITRE V

LISBONNE ET LES ENVIRONS

Notre-Dame de Belem. — Le Cloître. — Les grands travaux du Tage. — Cintra. — Le Palais. — Le Couvent de la Penha. — Le Château. — Le Couvent de Montserate. — Le Château de Mafra.

En parcourant la chronique du roi don Emmanuel, écrite vers le milieu du XVIᵉ siècle par Damien de Goës, on y trouve que : « Le roi a fondé, pour sa sépulture et pour celle de sa femme et de ses fils, le monastère sous l'invocation de Notre-Dame de Belem, sur le bord de la mer, à une lieue de Lisbonne, et y a établi des moines de l'ordre de Saint-Jérôme. Nulle autre œuvre en Europe ne l'emporte sur celle-ci, ni en grandeur, ni en magnificence. La mort l'empêcha de terminer cet ouvrage, ce fut son fils don Jean qui le continua, mais il ne l'acheva pas non plus. » Ces quelques lignes nous permettent d'apprécier quelle avait été la pensée de don Emmanuel en commençant cette pieuse fondation, et quel degré d'admiration elle avait excité chez les contemporains. La première pierre fut posée le 6 janvier 1500 ; à ce moment Vasco de Gama avait doublé le cap de Bonne-Espérance et découvert Madagascar (1497) ; Albuquerque s'était emparé des côtes orientales des Indes, et Alvarès Cabral avait débarqué au Mexique. Don Emmanuel, que l'histoire a nommé le Fortuné, se croyait donc un des plus puissants monarques du monde ; il voulut laisser un témoignage du degré de splendeur auquel la monarchie portugaise était arrivée. Belem devait être une sépulture merveilleuse, confiée à la garde de moines royalement logés. Il mit tout en œuvre pour exécuter son projet ; ne trouvant pas auprès de lui un homme dont le talent lui parût suffisant, il fit venir d'Italie un nommé *Boïtaca* et lui confia la direction des travaux. Cet artiste n'était vraiment pas à la hauteur d'une telle mission et don Emmanuel eût pu sans effort trouver mieux parmi les architectes de Florence et de Rome.

Boïtaca ne sut rien créer, il ne fit qu'appliquer à un plan conçu dans de vastes proportions une architecture que nous connaissons déjà, que nous avons rencontrée à l'église et au cloître de San Juan de Los Reyes, à Tolède, construite depuis une vingtaine d'années, au grand Hôpital et à l'Alcazar que le cardinal Tavera et Charles-Quint venaient de faire restaurer. Ce style a été diversement apprécié : quelques-uns ont cru y voir une lutte entre le style gothique et celui de la Renaissance; d'autres l'ont sévèrement critiqué : or il n'y a pas eu lutte, il y a eu juxtaposition. La grande fondation de Batalha, commencée peu d'années auparavant d'après le type de la cathédrale d'York, avait émerveillé le Portugal ; il n'est donc pas étonnant que l'architecte de Belem ait été entraîné à employer pour la construction des voûtes de l'église et des galeries du cloître les moyens qui avaient si bien réussi à Batalha ; aussi l'oscature de l'édifice est-elle franchement gothique. Mais toute l'architecture extérieure, aussi bien les murailles

LISBONNE

du cloître percées de deux étages d'arcades, que celles
de l'église ornées de contreforts et de hautes croisées,
le grand portail et la tour surmontée de son dôme, tout
appartient absolument au style de la Renaissance.

Il faut seulement s'entendre ici sur la valeur du mot
Renaissance ; si nous retrouvons à Belem les formes que
les Brunelleschi, les Michelozzo, les Alberti avaient employées en Italie, en faisant naître un art nouveau de
l'étude des monuments anciens, nous sommes bien loin
d'y retrouver leur pureté dans les lignes, leur sobriété
dans le détail, leur élégance dans l'ajustement des ornements ; ce sont bien les mêmes éléments, mais diversement agencés et diversement appliqués ; l'architecture,
si ferme et si fine à la fois, du règne de François Ier en
France, celle du château de Heidelberg, si élégante et
si variée, mais toute différente de la première, procèdent
également des leçons de Raphael, de Michel-Ange et de
Bramante, mais elles sont loin d'être une copie de leurs
œuvres. Il faut donc ne pas trop critiquer Belem et son
style complexe, baroque si l'on veut, avant de s'être bien
rendu compte des éléments dont il devait se composer.

Pendant la durée de la construction, un grand changement politique s'était opéré chez un très proche voi-
sin. Charles-Quint avait introduit en Espagne de nouvelles mœurs, presque une nouvelle civilisation ; de nombreux artistes étaient venus se grouper auprès de lui, et
son influence devait nécessairement s'étendre sur le
Portugal, où régnait un prince lié avec lui d'une étroite
amitié. Nous retrouvons ainsi à Belem le style majestueux mais lourd de la cathédrale de Séville et l'abondance d'ornements qui distingue en Espagne toutes les
créations de cette époque ; mais il y a plus : Belem offre
dans certaines de ses parties quelque chose d'étrange qui
séduit tout d'abord et qui ajoute à l'ensemble un cachet

si particulier, qu'on a voulu lui faire l'honneur d'un nom nouveau, on l'a nommé le *style manuelesque* ; ce quelque chose qu'on ne trouve pas dans les monuments d'Espagne est un reflet des splendeurs entrevues aux Indes et une réminiscence de l'architecture des Maures. Le dôme qui couronne la tour, le grand portail, la balustrade qui termine en forme d'acrotère le mur de face de l'église, les clochetons élancés comme des minarets, rappellent la pagode et la mosquée. Voilà pourquoi l'aspect général de l'abbaye royale de Belem est étrange, et pourquoi, bien qu'elle ne soit qu'une œuvre bâtarde, elle est un monument national par excellence.

Le grand portail de l'église est situé sur le quai et donne accès par le travers de la nef. Pour l'enrichir, les architectes et les sculpteurs ont déployé toute l'exubérance de leur imagination. Il se compose d'une arcade dans laquelle s'ouvrent deux portes géminées ; au-dessus, une grande fenêtre cintrée est surmontée d'un immense dais. L'arcade s'appuie à droite et à gauche aux deux contreforts, qui supportent la poussée des voûtes intérieures ; cette ordonnance n'a rien que de très simple, mais le grand nombre de socles, de dais, de statues, de pinacles, de crosses, de bas-reliefs et d'ornements de toutes sortes dont cette architecture est revêtue, fait perdre la notion de la forme primitive, pour ne laisser subsister que l'impression d'une chose riche, confuse, théâtrale et en somme d'assez mauvais goût. L'intérieur vaut mieux ; la nef est formée de trois grandes travées ; les voûtes à nervures ogivales retombent sur d'immenses piliers droits et font un bel effet. Deux chapelles qui occupent les bras de la croix renferment les tombeaux des rois de Portugal. Le corps de don Emmanuel y fut transporté en 1555, trente-six ans après sa mort. L'heureux architecte qui put assister à cette inauguration de la sépulture royale se nommait Jacques de Toralva ; l'Italien Boïtaca avait eu plusieurs successeurs. Le chœur, où les moines se réunissaient pour chanter les offices, est situé au fond de l'église, dans une grande tribune élevée à la hauteur du premier étage du cloître, avec lequel elle communique. Les boiseries qui revêtent les stalles, la muraille et les deux buffets d'orgue, sont un des plus beaux spécimens de sculpture qu'il soit possible de voir ; le style en est large, la facture en est fine, les têtes des médaillons sont parfaitement modelées et l'ordonnance générale, quoique simple, a quelque chose de grand et de noble dont on ne saurait trop faire l'éloge.

Le cloître : oh ! le cloître de Belem, merveille des merveilles au dire de bien des gens. Sans vouloir rien rabattre de leur enthousiasme, il ne faudrait pas le considérer comme une œuvre originale digne de toute admiration. Cependant, lorsqu'il est bien éclairé, que toutes les saillies se détachent nettement sur le ton jaune de la pierre, que les détails de la sculpture et de l'ornementation pétillent comme des pointes de cristal répandues dans du sable, qu'au travers des ombres transparentes, l'œil peut plonger dans les galeries et apprécier la délicatesse et la variété des voûtes qui les supportent, on éprouve certainement un grand charme. Ce cloître a la forme d'un grand carré dont les quatre angles sont abattus en pan coupé. Deux galeries superposées sont supportées par des voûtes ogivales dont les nervures se réunissent en faisceaux et retombent sur des culs-de-lampe ; un toit plat couvre l'étage supérieur. Les galeries s'ouvrent par une succession d'arcades ; celles du premier étage sont en plein cintre ; celles du rez-de-chaussée sont surbaissées. Elles sont séparées par d'élégants contreforts, formant pilastres,

terminés au premier étage par une série de niches, au
second par des pinacles pointus. Toute cette architecture revêt un étonnant caractère de richesse, grâce à la
profusion d'ornements qui l'accompagne. Pas une partie
plate qui ne soit couverte de chiffres, de médaillons, de
faisceaux d'armes, d'écussons, d'arabesques, de rinceaux ; les pilastres sont tous cannelés ou réticulés, les
arcades sont toutes dentelées et subdivisées avec des
combinaisons très variées. Nulle part, l'œil ne peut se
reposer de cette fête sans cesse renouvelée, de cette
richesse débordante. Les pans coupés des angles sont
ouverts par de larges arcs qui ajoutent à l'impression
de gaieté de tout le cloître; il est impossible de se figurer que cette demeure soit affectée à quelques pauvres
moines gardiens de sépultures, c'est bien plutôt la
cour d'un splendide palais, et l'on doit s'attendre à
chaque instant à voir passer le prince entouré d'un cor-
tège de grands seigneurs et de dames. Les bâtiments
du couvent sont actuellement occupés par un grand
nombre d'enfants pauvres élevés sous le patronage de
la reine Maria Pia, ils prennent leurs repas dans l'ancien réfectoire des moines, décoré de grands panneaux
d'*azulejos*, représentant des scènes religieuses encadrées
dans de riches ornements.

Le trajet de Lisbonne à Belem se fait d'une façon
fort agréable en prenant le bateau à vapeur qui part du
quai de Sodré, près de l'arsenal, et s'arrête une demi-
heure après au ponton de débarquement de Belem. Le
splendide panorama de Lisbonne se déroule tout entier,
tandis qu'on navigue au travers des vaisseaux, des
navires, des barques nombreuses qui sillonnent le fleuve
dans tous les sens, et l'on peut se rendre compte de
l'importance des grands travaux que l'État fait exécuter

dans toute la longueur de la ville. A marée basse on ne peut aborder le long des quais, il n'y a plus assez d'eau. Pour éviter ce grave inconvénient, on construit des digues depuis le pont d'Alcantara jusqu'au chemin de fer, c'est-à-dire sur une longueur de six kilomètres. Entre ces digues et les quais seront réservés des docks, des bassins à flot, des formes de radoubs, et tout l'outillage d'un grand port; ce travail très important est confié à un Français, M. Hersant, et doit coûter une cinquantaine de millions. Lisbonne prendra ainsi une grande importance du côté du Tage. D'un autre côté, l'accroissement de la population, qui atteint aujourd'hui trois cent mille âmes, a obligé la municipalité d'augmenter le périmètre de son enceinte; elle a englobé d'un seul coup tous les anciens faubourgs, et la nouvelle ligne d'octroi, indiquée par un chemin de ronde, comprend la ville, les faubourgs, des villages, des villas, des champs cultivés et des pâturages. Cette nouvelle population, devant payer les impôts, a droit à réclamer quelques compensations; aussi le gaz vient d'être établi avec une abondante générosité sur toutes les voies de cette immense surface. Il s'est créé une compagnie moitié belge, moitié française, pour en exploiter la concession. Au centre de la ville on perce un tunnel qui, partant de la place du Rocio, ira rejoindre le chemin de fer de Cintra, permettant ainsi aux Lisbonnais de partir directement du quartier des affaires pour regagner leurs délicieuses villas. On doit aussi réunir par un grand pont de fer deux des quartiers les plus élevés de la ville. Le résultat de tous ces travaux et de tous ces embellissements sera de faire de Lisbonne une magnifique cité, mais aussi de créer de lourdes charges à l'État dont les finances sont loin d'être dans un état complet de prospérité.

Cintra est un lieu étrange, oasis de fraîcheur au milieu d'une plaine brûlée par le soleil. Située à cinq lieues environ de la capitale, cette blanche petite ville se peuple en été de toute la colonie étrangère et d'une grande partie de la riche société portugaise. Au milieu d'une campagne monotone et pauvre, aride et mal cultivée, s'élève une énorme poussée volcanique, montagne à plusieurs sommets composée de gigantesques quartiers de granit amoncelés les uns sur les autres, dans un cataclysme qui remonte à la nuit des âges. Le temps a fait son œuvre; il a surgi au milieu de cet amas de pierres une magnifique végétation de chênes-lièges, de platanes, d'eucalyptus : des ormes immenses, des cyprès enguirlandés de chèvrefeuilles sont encore dominés par les hautes cimes d'une véritable forêt de pins maritimes. Des sources ont jailli apportant avec leur fraîcheur bienfaisante la richesse et la santé ; aussi les fleurs les plus belles et les plus recherchées, les fruits les plus savoureux, les arbres les plus rares poussent à Cintra avec une merveilleuse fécondité.

Les Maures furent les premiers colonisateurs de cet Éden. Ils avaient, pour se protéger, construit une forteresse sur un des sommets de la montagne ; les murs d'enceinte ainsi que quelques tours restent seuls, profilant sur l'azur du ciel leurs créneaux denticulés ; mais le palais que leurs princes s'étaient fait construire dans un endroit moins élevé est encore debout et sert de résidence au roi et à la famille royale. De nombreuses villas et de magnifiques châteaux appelés *quintas* se sont groupés tout autour. Ce palais a été restauré par le roi Jean Ier vers 1385 ; sa devise : *Porbem*, se retrouve encadrée dans un des ornements du plafond de la salle des Pies *(das pegas)*, ainsi que : *Il me plaît* (écrit en français), qui était celle de dona Philippe, sa femme.

« Le roi don Manuel, voulant élever un trophée à la gloire des Portugais, fit réunir les écussons gagnés sur les champs de bataille par les nobles du royaume, et recueillir dans les sépultures les devises, les armoiries, les insignes et les épitaphes ; il les fit peindre dans une magnifique salle, et ordonna en même temps au peintre *Duarte de Armas* de reproduire et de décrire dans un livre les armoiries de toute la noblesse. Cette salle est appelée *Salle des Cerfs*, parce qu'elle contient soixante-quatorze blasons suspendus au cou d'un nombre égal de têtes de cerfs Au milieu du plafond, les armoiries royales sont entourées de celles des princes et des infants don Luiz, don Ferdinand, don Alphonse, don Henri, don Duarte, dona Isabelle et dona Brites[1]. » Le château, qui a servi plus tard de couvent, présente à l'extérieur un vaste amoncellement de bâtiments, de toits et de terrasses, dominés par deux énormes cônes de maçonnerie en forme de bouteilles ; ce sont les cheminées des cuisines. La petite ville de Cintra est venue peu à peu se grouper autour de ces grandes constructions. Ses vieilles maisons aux tons violents et crus, ses rues tortueuses et raides, sa petite place ornée d'une fontaine, ses jardins en terrasses sont charmants, pleins de vie, et font contraste avec la sévérité des ruines arabes.

Le couvent de la *Penha* occupe la cime la plus élevée de la montagne ; ce monastère a été fondé autour d'une chapelle longtemps vénérée sous l'invocation de *Notre-Dame de la Penha*. Le prieur du couvent de Sainte-Marie à *Penhalonga* venait y célébrer la messe tous les samedis. En 1493, le roi Jean II y vint accomplir un vœu : « Le roi et la reine passèrent une neuvaine dans la chapelle de Notre-Dame qu'ils habitèrent seuls

1. Damiens de Goës. *Chroniques du Portugal.*

attendu la petitesse du local; leur suite fut abritée tout près, sous des tentes que le roi avait fait dresser et où elle était parfaitement logée et nourrie. Onze jours après, Leurs Majestés revinrent à Cintra. » Le roi Jean s'éprit du merveilleux emplacement de ce site et fit construire un monastère sur l'emplacement même où se trouvait la chapelle ; il y installa des moines de l'ordre de Saint-Jérôme. Ce monastère fut, d'après la chronique, construit en bois et terminé en huit années ; c'était un chef-d'œuvre. En 1511, le roi Emmanuel, voyant que ce bâtiment n'était pas durable, le fit rebâtir en pierres et voûtes. Il reste d'intéressantes parties de ces constructions primitives, entre autres la chapelle dont les murs sont recouverts de fort beaux azulejos ; elle renferme un tabernacle d'albâtre assez finement sculpté par un Français nommé Nicolas ; cet artiste jouissait à cette époque d'une grande réputation en Portugal.

Le vieux couvent du Moyen-Age a été totalement transformé en 1843 par le roi Ferdinand de Saxe-Cobourg, mari de la reine dona Maria II. Il prit pour architecte un général allemand, le baron d'Eschwege, et réussit à élever le plus étrange château du monde. On dirait la demeure d'une fée ou d'une magicienne. Véritable nid d'aigle perché sur un rocher de granit, il est dominé par la coupole jaune d'or d'une grosse tour et par le beffroi crénelé de la chapelle. Les autres constructions portées sur de hauts contreforts se profilent bizarrement sur le ciel. En approchant de ce castel, on serait presque tenté de certifier son origine surnaturelle, tellement on est surpris par un assemblage fantaisiste de tous les genres d'architecture ; le portail arabe, la chapelle gothique, la tour Renaissance, les façades ornées de lourdes sculptures, forment une réunion des plus originales. Lorsqu'on met le pied sur les terrasses du château, tout sentiment de critique disparaît devant l'admirable panorama qui se déroule sous les yeux. Au loin, le Tage et son embouchure, les coteaux qui le bordent, puis la mer sur une vaste étendue ; d'un autre côté, un immense pays tout parsemé de villes et de villages, borné par des lignes de forêts et d'élégantes collines ; pour premier plan, la montagne de Cintra, piédestal de granit entouré de verdure.

La route, qui monte au château par de nombreux lacets, traverse la forêt de pins et le bouleversement des rochers ; elle est bordée de géraniums sauvages aux fleurs écarlates, de mimosas, d'eucalyptus, de cactus et d'agavés ; elle aboutit à l'entrée d'un parc merveilleux ; les plantes de l'Afrique et de l'Inde sont presque toutes acclimatées dans ce véritable paradis. On s'y promène à l'ombre des bosquets de camélias tout couverts de fleurs ; les hortensias bleus forment d'énormes massifs sous lesquels murmurent des sources qui tombent dans de beaux bassins habités par des cygnes et toutes sortes d'oiseaux rares. Les poivriers, les pins d'Australie, les figuiers, les phénix, les palmiers, répandent dans les plis du terrain une ombre toujours fraîche, tandis que les grands pins élèvent leurs dômes opaques à travers les rayons de la franche lumière.

Parmi les *quintas* les plus remarquables des environs de Cintra, il faut citer celle de Montserrat, qui appartient à un Anglais, M. Cook. On a transporté du centre de l'Afrique dans ces magnifiques jardins une quantité considérable de hautes fougères arborescentes et de plantes rares; les fleurs d'Europe y viennent avec une profusion, un éclat et des dimensions qui nous sont absolument inconnus.

Il existe une chapelle placée sous l'invocation de

Notre-Dame de Montserrat, elle a été fondée en 1541
par un prêtre qui fit venir de Rome la statue de la
sainte Vierge. Au bas de la montagne, sur le versant
méridional, on trouve le couvent de Penhalonga, dédié
à Notre-Dame de la Santé, la première fondation créée
en Portugal en faveur des moines de Saint-Jérôme.
Les rois don Emmanuel, don Sébastien et don Henri
augmentèrent considérablement ce monastère. Don
Emmanuel réédifia l'église, qui est fort belle, et fit élever une habitation pour lui et la famille royale ; le cardinal Henri annexa diverses dépendances et plusieurs
constructions d'agrément.

Il faut enfin quitter ce merveilleux Cintra et prendre
le prosaïque chemin de fer qui ramène à Lisbonne. En
montant en wagon, nous ramassons distraitement un
papier oublié sur une banquette, c'était une bande du
Journal des Débats adressé à « don Luiz, duc d'Almeida
et d'Albuquerque ». Les noms des deux premiers conquérants des Indes se trouvent donc aujourd'hui réunis
sur une même tête. Almeida, le premier de tous, fut forcé
par ordre royal de céder la place à Albuquerque, il en
mourut de chagrin. Retrouver ces deux noms au pied du
château des Maures dans un wagon de chemin de fer,
c'était repasser d'un trait l'histoire entière du Portugal.
Malgré tout l'or que les conquérants des Indes ont pu
rapporter, la famille d'Albuquerque est une des moins
opulentes de l'aristocratie portugaise.

Des terrasses de Cintra, on aperçoit au milieu de la
plaine, à environ quatre lieues de distance, un énorme
édifice surmonté de clochetons et de dômes : c'est
Mafra. Élevé au milieu du pays le plus plat, le plus
désert, le plus monotone, le plus ennuyeux, le château
de Mafra est une image de l'insanité de certaines con-

ceptions royales, n'ayant d'autre but que de servir d'aliments à une vie de langueur et d'inutilité. Jean V, en 1717, voulut copier l'Escurial; il réussit à donner à sa construction le même caractère de grandeur et de somptuosité, mais aussi la même solitude et le même abandon environnent les deux demeures royales. Une église de style italien, avec colonnade, fronton, campaniles et dôme central, occupe le milieu de la façade, terminée aux deux extrémités par deux énormes pavillons carrés, lourds, surmontés d'une toiture bizarre en forme de pagode ; les autres bâtiments entourent une immense cour carrée. Ce château abandonné, qui a l'allure imposante et morne de ces statues couvertes de mousse qu'on retrouve dans les jardins dessinés par Le Nôtre, a été construit en treize années. Il serait impossible de croire, si ce n'était absolument authentique, que Jean V, nouveau Xerxès ou Pharaon, fit travailler vingt ou vingt-cinq mille personnes à la fois à cette construction, qu'il fit acheter 1,276 paires de bœufs pour transporter les pierres des carrières à pied-d'œuvre, que certains jours on pouvait compter sur les chemins 2,500 chariots se rendant à Mafra, et ces chemins étaient dans un tel état qu'il fallait quelquefois 50 paires de bœufs pour transporter une seule charge. Vers la fin des travaux, depuis le mois de juin jusqu'au mois d'octobre 1730, il n'y eut pas moins de 45,000 individus inscrits comme employés aux travaux de Mafra. À la mort de Jean V (1750), le Portugal était dans un désordre indescriptible ; l'ignorance , la paresse, le défaut de sécurité et de justice, la superstition, l'arbitraire avaient brisé tous les ressorts. Il fallut l'arrivée de Joseph Ier et la ferme énergie de son ministre Pombal pour tirer la nation de cet état d'avilissement. Don Luiz d'Acunha, à cette époque ambassadeur à Paris, écrivait au futur roi : « Vous trouverez beaucoup de terres occupées par le domaine public, d'autres incultes, les chemins impraticables ; le tiers du Portugal appartient au clergé qui ne contribue ni à la sûreté ni à la défense de l'État : c'est la propriété des chapitres, des diocèses, des collégiales, des prieurés, des abbayes, des chapelles, des couvents de frères et de sœurs. Le royaume est dépeuplé » [1]... Il y a loin de ce sombre tableau à l'aisance et à la prospérité que nous avons rencontrées de tous côtés ; il se fonde de grandes industries, les villes s'accroissent et le temps n'est pas éloigné où le Portugal, riche de l'or de ses colonies, pourra, sans faire appel aux étrangers, se suffire à lui-même.

1. Billot. *Un Drame en Portugal.*

CHAPITRE VI

LES ARTS EN PORTUGAL

L'Architecture. — La Peinture. — La Sculpture. — La Céramique.

Il est impossible de classer le Portugal parmi les pays où les arts ont pris un grand développement. Les Portugais, après avoir au début lutté pour leur liberté, ont dépensé ce qui leur restait d'énergie à cultiver leurs terres, ou à se lancer à des conquêtes lointaines. Toujours dominé par une aristocratie féodale, l'esprit du peuple ne pouvait s'élever d'aucun côté ; tout entraînement vers un idéal quelconque eût été regardé comme une velléité d'indépendance et rigoureusement réprimé. Les beaux-arts, qui accompagnent les lettres et les sciences, ne pouvaient être encouragés dans un pays où l'ignorance était passée à l'état de loi ; aussi les artistes dont nous retrouvons encore aujourd'hui des traces ont-ils été les serviteurs d'une ostentation seigneuriale et non pas l'émanation d'un sentiment artistique général. Les monuments que nous admirons ont été dus à la munificence du prince : églises, couvents ou palais ont tous été des fondations royales.

Quoi qu'il en soit, l'architecture présente en Portugal un vaste champ d'études. Les Romains ont laissé sur quelques points du pays des marques de leur domination ; il existait, entre autres, à Evora un grand portique, que le cardinal infant don Henri fit démolir parce qu'il masquait la basilique de Saint-Antoine qui venait d'être achevée. Une partie des colonnes qui ornaient cet arc ou portique furent transportées au collège de la Compagnie de Jésus et placées dans le réfectoire ; ainsi qu'il ressort d'une lettre du cardinal, en date du 21 août 1570. Il existe dans cette même ville d'Evora des ruines d'un temple anciennement dédié à Diane et l'on y trouve encore de nombreuses inscriptions.

Les Arabes ne nous ont laissé que des ruines ; leurs forteresses ont été démolies, leurs palais ont été tellement transformés et restaurés qu'il n'en reste que de rares débris ; mais, à partir du règne de don Alphonse Henriquez, premier roi de Portugal (1139-1185), les églises commencent à s'élever. Après avoir chassé les Maures et conquis presque tout son royaume, après avoir été nommé roi de Portugal par ses soldats sur le champ de bataille d'Ourique, Henriquez fit construire les églises de Sainte-Marie de Tarquere, près de Lamego, et de Sainte-Croix, à Coïmbre, deux monuments d'une architecture romane très primitive et très simple, et commença les travaux du célèbre couvent de Thomar, continué par un grand nombre de ses successeurs. Plus tard, ce même roi fonda le monastère d'Alcobaça et la cathédrale de Saint-Vincent à Lisbonne ; cette architecture solide, sévère et forte, marque par une certaine majesté un progrès déjà sensible. Nous pouvons donc circonscrire une première période de l'art national entre le commencement de la monarchie et l'avènement de Jean Ier, fils de Pierre le Justicier, proclamé roi en 1385.

BELEM

Pendant ces deux siècles et demi, de nombreux édifices furent élevés sur le sol portugais. Le roi don Denis ou Diniz, surnommé le Laboureur *(O Lavrador)*, mari de sainte Élisabeth de Hongrie, qui régna de 1279 à 1325, se signala surtout par le nombre de ses fondations pieuses. Il offrit aux Templiers une large hospitalité au couvent de Thomar, et ceux-ci couvrirent bientôt le royaume de leurs forteresses et de leurs commanderies. Lorsque le pape Clément V eut supprimé l'ordre de ces trop puissants chevaliers, en 1312, Diniz obtint l'autorisation de le transformer en un ordre du Christ, dont le siège fut fixé à Thomar. Les châteaux construits par les Templiers furent en partie démolis, ou passèrent dans le domaine royal. On rencontre encore aujourd'hui une quantité de ces ruines aux grandes murailles crénelées ; leur situation choisie pour la défense ajoute généralement à leur aspect pittoresque.

La seconde période de l'art commence avec Jean Ier pour finir avec don Emmanuel et son fils Jean III : elle comprend environ deux siècles, de 1385 à 1557 ; c'est la plus brillante et la plus nationale, c'est l'époque pendant laquelle les arts, développés en France, en Italie, en Angleterre et en Espagne, pénètrent en Portugal et concourent aux plus belles créations.

Jean Ier fonda, sous l'invocation de sainte Marie de la Victoire, le magnifique et somptueux couvent de Batalha, en accomplissement d'un vœu fait à la sainte Vierge le 14 août 1385, au moment où il se préparait à livrer la célèbre bataille d'Aljubarrota, dans laquelle il obtint la victoire la plus complète sur l'armée castillane. La construction de cet édifice a dû être commencée en 1387. Alphonse Dominguez, le premier architecte, eut pour successeur un nommé Huguet ou Huet ; puis vint Martin Vasquez, qui conserva la direction des tra-

vaux jusqu'en 1473. « *Maître Matheus Fernandez, vas-*
sal du roi, juge ordinaire de la ville, du monastère
de Sainte-Marie de la Victoire et maître des travaux
dudit monastère, nommé par le roi », mourut en 1515,
comme l'indique l'inscription placée sur son tombeau et
sur celui de sa femme. Ces deux tombes, recouvertes
d'une dalle mortuaire, sont situées dans le pavé de
l'église, au bas des marches qu'on descend en entrant
par la porte principale. Il eut pour successeur son fils,
également appelé Matheus Fernandez.

Malgré cette nomenclature de noms absolument
portugais, il est certain, d'après des documents authen-
tiques, que la reine Philippe, femme de Jean Ier, fille
du duc Jean de Lancastre et petite-fille d'Édouard III
d'Angleterre, s'occupa beaucoup des travaux de Batalha
et qu'elle fit choix d'un architecte anglais nommé
Stephenson. Stephane Stephenson faisait partie des *free*
and accepted masons, qui avaient leur Loge centrale à
York. Grâce aux rapports intimes établis ainsi avec
l'Angleterre, l'architecture gothique prit un grand essor
en Portugal par l'entremise des associations d'architectes et de maçons, qui à cette époque se déplaçaient
pour aller construire de grands édifices dans les pays
étrangers. Il y a une telle unité dans l'architecture de
Batalha qu'il est impossible de ne pas admettre que les
travaux n'aient été exécutés d'après un plan d'ensemble
parfaitement déterminé, étudié à l'avance dans tous ses
détails par un artiste ayant déjà acquis une grande
expérience, et qu'ils n'aient été exécutés par des ouvriers
habitués à rendre sa pensée, et à travailler d'après ses
dessins. Ce nouveau style fut bientôt adopté de différents côtés, mais, après le départ des confréries
d'hommes du Nord qui en possédaient les secrets, il fut
promptement abâtardi sous l'influence portugaise ; cela

devait être. Le gothique avec ses sévérités, quelque élégantes qu'elles soient, avec ses plans variés et ses infinies dentelures, a pris naissance et n'a sa raison d'être que sous un ciel brumeux ; il faut au pays du soleil de grandes surfaces qu'il puisse dorer de ses rayons.

Le règne de Jean II (1484-1495) eut un caractère particulièrement sombre et violent, à l'imitation de celui de Louis XI : on écrivait peu, on construisait peu, *on avait peur de parler ;* néanmoins, il s'était établi à cette époque des relations artistiques entre le Portugal et l'Italie ; nous en trouvons la trace dans les lettres d'Ange Politien. Il écrit au roi Jean II, pour lui rendre compte des progrès qu'avait faits, dans l'étude des lettres et des humanités, le fils de son grand chancelier Jean Teixeira, dont l'éducation littéraire lui avait été confiée. Le roi répond à Politien, donne des éloges à ses soins et lui recommande de les continuer. Cette lettre est datée de Lisbonne, le 23 octobre 1491. Nous trouvons dans une autre lettre qu'André Contucci, dit le Sansovino, grand architecte, peintre et sculpteur, attaché à la cour de Laurent de Médicis, fut appelé en Portugal par le roi Jean II. Il y fit un séjour de neuf années et retourna à Florence après la mort du roi. Contucci était plutôt sculpteur qu'architecte ; il dirigea cependant une école et parmi ses élèves nous trouvons un certain Pantaléon Diaz, auquel le roi Jean II commanda des dessins pour plusieurs monuments. Voici un passage du testament de Jean II, qui donne à ce sujet quelques détails intéressants :

« Item, j'ai promis de faire bâtir une chapelle à Alméirim, dédiée à sainte Marie de la Montagne. Je désirerais qu'elle fût élevée auprès de la fontaine qui se trouve tout près, et que l'église eût des murs solides ainsi que la sacristie et la maison de l'ermite ; que le tout fût construit de briques et de mortier et avec de bonnes voûtes comme on le voit en détail par un dessin de Pantaléon Diaz.

« Item : Je voudrais que l'on continuât le tombeau de saint Pantaléon, à Porto, d'après les dessins qui sont dans les mains des chanoines de la cathédrale.

« Item : J'ai promis de faire un oratoire à saint Antoine dans la maison où il est né, à Lisbonne, de la manière qui est expliquée plus au long dans un écrit qui est entre les mains de Pantaléon Diaz, et comme cela est entendu avec le trésorier, Alphonse Fernandez. » [1]

Sans compter les architectes de Belem et de Batalha, les noms de quelques autres sont parvenus jusqu'à nous : Mathieu Fernandez, qui donna les dessins de la forteresse de Salvaterra (1515) ; Marc Perez, qui restaura les douze chapelles du cloître de Sainte-Croix à Coïmbre, ainsi que la chapelle du Paio-Gutterez (1518). Pero Annes, maître des travaux du palais de Coïmbre, et Gonçalve de Toralva, qui était architecte de la cathédrale de Miranda en 1547, tandis qu'à la même époque son frère Jacques était maître des travaux du couvent de Belem.

Sous le règne d'Emmanuel (1495-1521), s'épanouit la véritable architecture nationale, et tous les autres arts à sa suite. Il se forme alors, résultat des influences diverses que nous avons indiquées, un style particulier et caractéristique, qui tient autant du gothique que de la Renaissance, sans être exempt de réminiscences mauresques, arabes, et même indiennes. Ce style baroque appelé *manuélesque*, parce qu'il florissait pendant le règne glorieux de don Emmanuel le Grand, a été employé non seulement au magnifique couvent de

1. Archives de Lisbonne.

Belem, mais aux grands travaux faits à Thomar, à Setubal, à Evora, à la belle église de Villanova de Foscia et dans beaucoup d'autres parties du Portugal. Voici, d'après l'historien Damien de Goës, qui écrivait vers le milieu du xvi⁶ siècle, une liste des « *Nouvelles églises, monastères, châteaux et autres œuvres que le roi don Emmanuel a fait construire et de celles qu'il a fait restaurer* » :

1° Le monastère de Belem, comme nous l'avons vu précédemment.

2° La maison de la confrérie de la Miséricorde, à Lisbonne.

3° Le monastère de Notre-Dame da Pena.

4° Celui de Mato.

5° Celui das Berlengas, qu'il fit à la demande de sa femme, la reine dona Maria.

6° Il a rebâti presque à neuf le magnifique couvent de l'ordre du Christ, à Thomar.

7° Il a fondé le monastère de Notre-Dame da Serra.

8° Le monastère de Sainte-Claire à Estremos.

9° Celui de Saint-Antoine de Penheiro.

10° Celui de Saint-François da Observantia.

11° Il a fait construire la nef de l'église de Saint-François, à Evora.

12° Le monastère da Annunciada, à Lisbonne.

13° La cathédrale d'Elvas.

14° Le monastère de Saint-Benoît, à Porto.

15° Le tombeau de Saint-Pantaléon, dans la cathédrale de la même ville.

16° Le monastère des religieuses de Sainte-Claire, à Tavilla.

17° Celui de Saint-Antoine, à Serpa.

18° Il a fondé les églises de Sovreniza.

19° Celle de Saint-Jean-Baptiste, de Thomar.

20° Celle de Saint-Antoine, de Lisbonne.

21° Celle de la Conception.

22° Celle d'Alcacer, près de Setubal.

23° Celle d'Olivença.

24° Il a érigé le tombeau d'Alphonse Henriquez, à Coïmbre.

25° Il a terminé le grand hôpital de Lisbonne.

26° Il a fondé l'hôpital de Coïmbre.

27° Et celui de Beja.

28° Il a restauré presque entièrement le couvent d'Alcobaça.

29° Le quai de pierre de Lisbonne et les promenades le long du Tage.

30° Il a commencé la douane de Lisbonne.

31° Il a fait construire les magasins de Lisbonne.

32° L'arsenal.

33° Le palais de Coïmbre.

34° Le pont sur le Mondego.

35° La tour et le fort Saint-Vincent, qui défendent l'entrée du Tage à Belem.

36° La cathédrale de Funchal, de l'île de Madère.

Suit dans la chronique l'énumération d'une quantité d'autres fondations et établissements de tous genres de moindre importance. Il y est parlé du soin que don Emmanuel prit de doter richement, et de pourvoir de magnifiques vases et ornements toutes ces églises et couvents. La plupart de ces fondations ou de ces ouvrages ont été terminés par Jean III (1521-1557). Quelle abondance! quelle activité! quelle vitalité!

L'or de l'Afrique et des Indes permettait alors au monarque de satisfaire toutes ses fantaisies et de rivaliser de magnificence avec ses voisins.

Sous le règne de Sébastien (1557-1578), prince d'un caractère sombre et violent, les arts ne furent plus encouragés, et, malgré les efforts de François de Hollande, son architecte, ils entrèrent dans une période de complète décadence. Ce François de Hollande qui s'intitulait lui-même architecte, que nous retrouverons comme peintre, était principalement ingénieur. C'est en cette qualité qu'il fut envoyé en France et en Italie par le roi Jean III et par le cardinal Henri, régent pendant la minorité de Sébastien, pour dessiner et mesurer les principales forteresses. Il vint à Rome, à Florence, à Naples, à Milan, et, à son retour fut chargé de construire les fortifications de Mazagao, sur la côte d'Afrique.

La domination espagnole qui suivit le règne de Sébastien fut un temps de terreur et de mort. Sous ce gouvernement soupçonneux et jaloux, l'architecture et les arts furent complètement abandonnés ; il fallut la révolution de 1640 et l'avènement au trône de la maison de Bragance pour redonner aux arts un peu de vitalité.

Avec le règne de Jean V, cette *Majesté très fidèle*, qui construisit le palais de Mafra, commence une troisième période d'activité artistique, qui dura moins d'un siècle. Sous le ministère de Pombal elle atteignit son apogée, et, bien que nous ne puissions la considérer comme la plus originale, ni la plus instructive, il faut reconnaître qu'elle est de beaucoup la plus abondante. L'influence italienne se fit sentir dans les nombreux édifices qui furent élevés de tous côtés, et qui constituent en quelque sorte la physionomie du Portugal moderne. Si quelques-unes de ces créations attestent chez les architectes des conceptions amples et majestueuses, si l'ordonnance générale indique la préoccupation de respecter les règles posées par les maîtres italiens du siècle précédent, ils s'en sont bien vite écartés. Au lieu d'atteindre la noblesse, ils ont trouvé la lourdeur ; au lieu d'exprimer l'élégance et la richesse, ils ont interprété une fantaisie baroque, par un assemblage des motifs les plus étranges, en faisant subir les contorsions les plus étonnantes aux lignes de leur architecture. Les trois productions les plus remarquables de cette époque sont, à Lisbonne : la place du Commerce, l'église d'Estrella et le couvent des Nécessitades.

PEINTURE

Il est assez difficile de discerner, au milieu des nombreux tableaux, qui ornent les églises, les couvents et les palais du Portugal, la part qui revient aux artistes nationaux. Le Portugal n'a jamais passé pour un foyer artistique de bien grande chaleur, et, après examen, il serait juste de conclure que, si le Portugal a produit quelques peintres, ils se sont formés au contact des écoles étrangères.

Comme l'architecture, la peinture portugaise peut se classer en trois époques bien distinctes ; l'époque barbare, l'époque gothique et l'époque moderne.

L'art de peindre d'une façon quelconque avec des couleurs peut être très ancien en Portugal, car on conserve au couvent d'Alcobaça une bible du xie siècle, dans laquelle il y a quelques portraits ; mais la peinture proprement dite ne commença vraiment à être encouragée que sous le roi don Diniz. Fray de Souza dit qu'il existait de son temps, dans le couvent de Saint-Dominique, à Coïmbre, un tableau d'autel, exécuté par ordre du roi, représentant la reine Élisabeth sous la figure de la Vierge, et celle de don Alphonse IV, son fils, sous celle de l'Enfant Jésus. Un autre chroniqueur, Fray Bernardo da Brito, fait mention d'un tableau de don Alphonse IV, qui était situé au couvent d'Odivellas, et qui représentait l'Adoration des Mages. Il existe un document certain qui donne toute créance à ces chroniques ; les archives de Lisbonne conservent une liste des droits à percevoir du temps d'Alphonse IV, sur différents objets qui devaient être taxés à quatre deniers de maravédis ; on y trouve « l'or faux en feuilles, l'or en pain pour les peintres, le bleu d'azur, les couleurs à l'usage des peintres et autres minuties à l'usage des peintres ».

Il est question, dans le livre de François de Hollande, d'un peintre nommé Nuno Gonçalvès, qui vivait sous le roi Alphonse IV (1325-1357) et qui aurait peint d'après ses ordres l'autel de Saint-Vincent, dans la cathédrale de Lisbonne ; mais l'auteur définit cette époque « un siècle de barbarie ». Alphonse V aurait encouragé la peinture et aurait établi une école de dessin dans un endroit qu'un document du temps désigne sous le nom de *Magasin*.

Jean II était grand amateur de peinture, et faisait souvent travailler en sa présence Garcia de Rezende ; il lui donnait de grands éloges et lui disait : « Qu'il devait être fier parce que c'était un beau talent que lui, le roi, aurait bien désiré avoir ; que son cousin l'empereur Maximilien était grand dessinateur et était bien aise de l'être ».

Sous le règne de Jean Ier, il se passa un fait qui vint donner une direction toute nouvelle à la peinture portugaise. A l'occasion du mariage de Philippe le Bon, duc de Bourgogne, avec l'infante dona Isabelle, une nombreuse ambassade partit des Flandres pour venir en Portugal, demander la main de la princesse. Parmi les gens composant la suite des ambassadeurs, on remarquait *Maître Jean, valet de chambre du duc de Bourgogne, fameux dans l'art de la peinture*. Au moment où l'am-

7

bassade arriva à Lisbonne (28 décembre 1428), la cour
se trouvait à Estremoz ; les envoyés s'y rendirent et,
pendant qu'ils traitaient de l'objet de leur mission,
Maître Jean, qui depuis fut le célèbre Jean van Eyck,
fit un magnifique portrait de l'infante. Pendant les
fêtes qui eurent lieu à Bruges à l'occasion de ce mariage,
Philippe le Bon institua l'ordre de la Toison d'or. Le
beau portrait de dona Isabelle existe encore au musée
de Bruxelles [1].

Il s'établit entre les États de Bourgogne et le Portugal des relations qui durèrent près d'un siècle et
apportèrent une modification profonde au sentiment de
l'art national portugais, aussi bien en architecture et en
sculpture qu'en peinture. Nous avons pu dresser une
liste des principaux artistes étrangers venus en Portugal. Bien qu'elle soit incomplète, elle pourra donner
une idée de l'importance de cette migration :

Jean van Eyck, 1428.

Guillaume de Beaulieu, 1448-1473.

Christophe d'Utrecht, 1498-1557.

Antonio Moro, 1542.

Olivier de Gand, sculpteur, 1518.

Antoine de Hollande, 1500.

François de Hollande, son fils, 1539-1571.

Frey Carlos, 1535.

Fray Masca, 1544.

Georges van der Straten, 1556.

Le célèbre peintre flamand Antoine Mor ou Moro fit
à Lisbonne un brillant séjour. Son talent souple et
délicat, sa couleur ferme et brillante, durent avoir une
grande influence sur l'école nationale. Protégé par

---

1. Manuscrit de la Bibliothèque nationale. Paris n° 10245. De Barante,
Histoire des ducs de Bourgogne.

Marie de Hongrie, sœur de Charles-Quint, il fut envoyé, en 1542, par cette princesse à l'empereur pour faire le portrait du jeune prince Philippe II, le porter à Lisbonne, exécuter et rapporter celui de la princesse dona Maria de Portugal, fille de Jean III, afin de préparer ainsi une union entre les deux maisons royales.

L'enthousiasme fut tel pour l'artiste, que le roi et la reine voulurent poser devant lui. Charles-Quint devait payer le premier portrait; voici une pièce qui constate le paiement des deux autres :

« Contrôleur de ma Maison,

« Je vous ordonne que sur ce seul écrit et sans autre ordre ni avis, vous portiez en compte à Alvaro Lopez, mon trésorier, les 500 cruzades que je donne à Antoine Mor, peintre flamand, qu'envoya de Flandre ma sœur, la reine de Hongrie, pour faire d'après nature les portraits du Roi, mon maître, et le mien, lesquels 200,000 reis vous devez sans faute lui remettre par l'entremise dudit trésorier.

« Fait à Lisbonne, le 22 septembre 1542; et cela ne doit pas passer par la chancellerie.

« LA REINE. » [1]

Le couple royal fit en outre au peintre hollandais de riches présents.

Les portraits de Jean III et de Catherine, sa femme, dont il est ici question, sont ceux qui sont conservés dans l'église Saint-Roch. La noblesse portugaise s'éprit de l'habile coloriste, on se disputa la faveur d'être peint par lui; chaque portrait était payé 100 ducats, et quelques seigneurs ajoutaient une chaîne d'or à ce prix [2].

1. Archives royales de Lisbonne.
2. Karel van Mander, t. Ier.

Les deux images peintes par Antonio Moro produi-
sirent l'effet désiré : au mois de décembre 1542, on
fiança les deux jeunes époux ; le mari avait quinze ans
et sept mois, la femme quinze ans et deux mois.

Une année entière s'écoula entre les fiançailles et
l'union de Philippe II avec dona Maria. Au mois d'octobre 1543, l'infante quitta ses parents et s'achemina vers
la Castille. Une troupe nombreuse de grands personnages, que précédait l'archevêque de Lisbonne, formait
la partie la plus brillante de son escorte. Il n'est pas
indifférent pour l'histoire de l'art de savoir quel faste et
quelle magnificence furent déployés en cette circonstance.

Une ambassade avait été députée vers la frontière
pour saluer la princesse et la conduire à Salamanque.
Le duc de Medina-Sidonia, le seigneur le plus riche de
l'Andalousie, avait été chargé du commandement. Il
était porté dans une litière dont on avait ferré les
mules avec des lames d'or. Les officiers de sa maison
et ses vassaux formaient une troupe de trois mille
hommes à cheval, bien montés, bien équipés, portant
les couleurs et les insignes de la famille. Un détachement spécial entourait le duc, ainsi qu'une garde d'honneur, où l'on distinguait plusieurs Indiens portant sur leur
poitrine des écussons d'argent aux armes de leur maître.

Le palais de Medina-Sidonia, dans la ville de Bada-
joz, où la princesse devait passer la nuit, avait été
décoré avec un luxe royal.

L'infante portait une robe de drap d'argent, brodée
de fleurs d'or, une mantille espagnole de velours violet,
brodée aussi d'or, et une toque de même étoffe surmontée de plumes blanches et bleues. Une housse
de riche brocart pendait autour de sa monture, et la
selle de la princesse était en argent.

Lorsqu'elle approcha de Salamanque, le recteur et
les professeurs vinrent à sa rencontre dans leurs robes de
cérémonie. Derrière eux marchaient le corps judiciaire et
le conseil municipal, portant des dalmatiques de velours
cramoisi, des culottes et des souliers de satin blanc. On
reçut l'infante à la porte de la ville sous un dais magnifique, porté par huit magistrats. L'ambassadeur d'Espagne en Portugal, don Luis Sarmiento, qui avait négo-
cié le mariage, prit la bride de sa mule, et la fiancée
arriva dans cet équipage à l'hôtel du duc d'Albe [1].

Le lendemain soir, 12 novembre 1543, le mariage
fut célébré. Le 8 juillet 1545, Marie de Portugal mettait
au monde le fameux don Carlos, destiné à une mort
tragique, et mourait elle-même quelques jours après :
elle n'avait que dix-huit ans.

Il s'était formé, au contact de ces artistes, quelques
peintres d'un certain mérite. D'autres, tels que Fernando
Gallegos, avaient été suivre, en Allemagne, les leçons
d'Albert Dürer; et même François Henriquez, chargé
de grands travaux par don Emmanuel, faisait venir de
Flandre sept peintres pour l'aider.

La plupart des œuvres de ces artistes ont totalement
disparu ; quelques-unes cependant ont été conservées,
mais tellement refaites et repeintes qu'il ne reste plus
trace de la peinture primitive. Nous en retrouvons plusieurs à l'Académie de Lisbonne; mais c'est au palais
archiépiscopal d'Evora qu'on en a conservé le plus
grand nombre. On y voit douze tableaux de Van Eyck
ou de Christophe d'Utrecht ; ils décoraient le maître-
autel de la cathédrale. Lorsque l'architecte Ludovisi,
celui qui construisit Mafra, restaura cette église, il les
mit de côté, ne sachant comment ni à quoi employer

1. Prescott. *History of the reign of Philippe II.*

toutes ces vieilles peintures ; l'archevêque leur donna l'hospitalité et les plaça dans son palais.

On trouve également dans l'église de Belem, sur le maître-autel, un grand tableau de Campello, et dans l'escalier du couvent un Christ tombant en portant la croix, signé Gaspard Diaz (1520); c'est raide, mais bien peint.

L'influence italienne se fit sentir de bonne heure. Comme nous l'avons vu, à l'appel de Jean II, André Contucci, peintre et sculpteur, séjourna en Portugal pendant neuf années. Don Emmanuel fit mieux : il envoya en Italie les artistes portugais se perfectionner auprès de Raphael et de Michel-Ange ; ce beau zèle se prolongea pendant le règne de Jean III.

Ces relations fréquentes avec les étrangers excitèrent l'émulation des peintres et eurent pour résultat de former deux écoles. Les artistes qui restèrent en Portugal adoptèrent de préférence la manière flamande ; ceux qui avaient voyagé revenaient imbus des principes des maîtres italiens. Gaspard Diaz et les frères Campello doivent être rangés parmi ces derniers.

Il parut alors un peintre qui acquit une si grande renommée auprès de ses contemporains qu'on ajouta à son nom l'épithète de *grand* : ce fut Vasco Fernandez, appelé communément Gran-Vasco. Il est bien difficile de déterminer l'importance réelle de son œuvre, car beaucoup de personnes lui attribuent trop généreusement tous les tableaux qui peuvent avoir été faits en Portugal au commencement du xvie siècle; d'autres plus réservés établissent une distinction entre les œuvres du maître et celles de son école. Au milieu d'une foule de documents contradictoires, car plusieurs villes et plusieurs familles se disputent une si grande gloire, il paraît cependant certain que Vasco Fernandez était fils

du peintre François Fernandez, qu'il naquit à Vizeu,
en 1552, et que le roi don Sébastien l'envoya étudier
en Italie. Il habita longtemps sa ville natale et peignit
une suite de tableaux dans la cathédrale ; c'est à peu
près tout ce qui reste d'authentique de Gran-Vasco.
Quatorze de ses tableaux sont placés dans la salle du
Chapitre ; ils représentent *l'Annonciation, la Visitation, la Nativité, la Circoncision, l'Adoration des
Mages, la Présentation, la Fuite en Égypte, la Cène,
le Jardin des Oliviers, la Prison, la Descente de croix,
la Résurrection, l'Ascension* et *la Pentecôte*. Trois
autres tableaux sont placés dans la sacristie ; le plus
remarquable est saint Pierre assis dans la chaire ponti-
ficale et revêtu des vêtements sacerdotaux des papes.
Tous ces tableaux, malgré les voyages d'Italie, appartiennent franchement à l'école d'Albert Dürer ; on y
constate les traces de l'influence allemande et flamande,
à laquelle toute la Péninsule a été si longtemps sou-
mise au temps de Charles-Quint et de ses successeurs.

Il faut ajouter aux tableaux que nous venons d'indiquer le célèbre *Calvaire*. Ce tableau, qui a près de trois
mètres cinquante en carré, est placé sur l'autel d'une chapelle, dans le cloître de la cathédrale de Vizeu. Il est peint
sur un grand panneau de bois, qui n'aurait pu passer
par la petite porte de la chapelle, ce qui fait supposer
qu'il a été peint sur place ; d'autant plus que le jeu de
la lumière concorde tout à fait avec le jour qui l'éclaire
et qui pénètre dans la chapelle par une seule fenêtre.
Gran-Vasco avait un dessin irréprochable, savait donner
de la noblesse à ses figures ; il possédait, en outre, une
entente parfaite de la perspective et de l'architecture,
et mettait beaucoup de finesse et d'à-propos dans les
détails. Le nom de Vasco fut porté par d'autres artistes

beaucoup moins illustres ; mais les Portugais attribuent
au plus célèbre, leur Gran-Vasco, toutes les toiles sur
lesquelles on peut trouver trace de cette signature.

François de Hollande, le peintre attitré du roi don
Jean III, nous a laissé plusieurs manuscrits d'un grand
intérêt. Dans l'un d'eux, qui porte pour titre : « Au très
haut et auguste roi de Portugal, don Jean III, le très
heureux François de Hollande, de retour d'Italie », et
qui traite : *De la peinture ancienne (1549)*, il dit :
« Qu'une chose obscurcit la gloire de l'Espagne et du
Portugal, c'est que ni en Espagne, ni en Portugal, on
ne connaît la peinture ; elle n'y est ni honorée, ni cultivée avec succès. Revenu d'Italie depuis peu de temps,
les yeux remplis de la grandeur de son mérite, les
oreilles pleines de ses louanges, et connaissant la parfaite indifférence avec laquelle cet art si noble est traité
dans mon pays, je me suis décidé à entrer en lice
comme un vrai chevalier et champion de la très haute
dame Peinture... »

Ceci est parfaitement clair et bien caractéristique ;
les Portugais étaient d'une indifférence absolue en fait
d'art à cette époque. Dans un autre manuscrit intitulé :
*Des monuments qui manquent à la ville de Lisbonne
(1571)*, François de Hollande s'élève encore contre cette
indifférence qu'il cherche à combattre de toutes ses
forces ; il s'écrie : « L'art de la peinture vient porter
plainte par ma bouche à Votre Altesse, Roi et Seigneur
très chrétien, du peu de considération qu'on lui apporte
dans votre royaume de Portugal... » Et cependant François de Hollande n'était pas un grand peintre. Fils de
Antoine de Hollande, peintre enlumineur au service des
rois don Emmanuel et Jean III, François était architecte et se classe lui-même dans cette catégorie d'artistes ; dans l'un de ses manuscrits, il dit, en parlant de

lui : « Moi, François de Hollande, qui écris ces lignes, suis le dernier des architectes. »

La peinture, pas plus que l'architecture, ne reçut d'encouragement de la part de don Sébastien, prince dont l'humeur était sombre, et qui, entraîné par son exaltation religieuse, ne pensait qu'à continuer les croisades et à combattre les infidèles (1578).

Don Sébastien avait engagé, pour l'accompagner dans son expédition du Maroc, des artistes nationaux et étrangers de toutes sortes, des historiens, des poètes et des peintres. Parmi ces derniers, nous pouvons citer un des fils d'Antoine Mor. Il s'appelait Philippe, avait été, par la protection du roi d'Espagne, nommé chanoine au vieux monastère de San Salvador, ce qui ne l'empêchait pas de peindre et de chercher à imiter son père. Ayant demandé à ses collègues l'autorisation d'aller compléter ses études au delà des Pyrénées, sans perdre pendant son absence le bénéfice de son traitement, sa requête lui fut accordée à la condition, au moins singulière, qu'il n'irait pas travailler en Italie [1].

Cinq semaines après avoir quitté Lisbonne, l'armée de don Sébastien était entièrement massacrée sur le champ de bataille d'Alcazar-Quivar, le 4 août 1578. Le corps du roi n'était retrouvé que le lendemain, percé de coups et défiguré. Les écrivains et les artistes qui l'accompagnaient périrent tous avec lui.

Sous la domination des Espagnols, toute aspiration artistique fut comprimée pendant soixante ans. Avec les Bragance (1640) renaît un nouveau courant ; mais, loin de puiser leurs inspirations auprès des peintres espagnols, qui s'étaient élevés à un si haut degré de perfection, loin de demander à Velazquez, à Murillo, à Van Dyck, à Rubens et à ses brillants élèves les secrets de

1. Alfred Michiels. *L'Art flamand dans l'Est et le Midi de la France.*

leur art, les Portugais, soit impuissance, soit ignorance, s'attachèrent à imiter les peintres de l'école bolonaise. Ils prirent pour principaux modèles Carle Marate et les Carrache ; les défauts des maîtres furent, comme toujours, exagérés par les élèves. Les tableaux qui décorent les églises, les panneaux, les plafonds des palais royaux, ont tous été peints par des artistes de cette école et constituent la troisième période artistique portugaise.

Cette période commence à José Avelar Rebello, dont les œuvres portent les dates de 1640 à 1656 ; ses meilleurs tableaux sont à l'église Saint-Roch, de Lisbonne ; on y voit aussi une très bonne *Adoration des Mages* de Andre Reinoso, contemporain et élève de Rebello. Il y a dans une des chapelles latérales deux tableaux de Bento Coëlho ; ce peintre ne manque pas de mérite ; son dessin et son coloris rappellent complètement ceux des Carrache. Coëlho mourut vieux, en 1708. Une autre chapelle renferme deux tableaux de Francescho Viera Lusitano (1699-1783) ; c'était un talent distingué, ayant beaucoup produit pendant sa longue existence ; sa peinture était facile, mais négligée et d'un coloris assez fade ; ses tableaux sont répandus dans presque toutes les églises du Portugal. Diego Pereira est un artiste dont les œuvres sont également très nombreuses ; il était aussi un imitateur zélé des Carrache, et a peint, chose assez bizarre, de nombreux tableaux représentant le siège et l'incendie de Troie. Pompeo Battoni donne toute la mesure de son talent à l'église d'Estrella. Le tableau du maître-autel, peint en 1781, est de grande dimension et ne manque pas de mérite ; une grande *Cène* et cinq autres tableaux de moindre importance décorent les autels secondaires. Sa peinture est assez correcte, mais son dessin est un peu raide et maniéré.

Taborda, Cyrillo et Sequiera ont en grande partie décoré le palais d'Ajuda. De ces trois peintres, le premier, né en 1766, est le moins mauvais ; il avait des élèves, entre autres un José Ribeiro, qui a peint le plafond de l'escalier du palais. Cyrillo, médiocre peintre, était bon écrivain, il a laissé un excellent livre sur les arts en Portugal ; Sequiera est tout à fait mauvais, le seul bon tableau qu'on connaisse de lui est un *Saint Bruno* qui est à l'Académie des Beaux-Arts.

A ces artistes, il faut ajouter Pedro Alexandro, peintre qui n'a d'autre mérite que sa fécondité, (1720-1810), et Viera Portuense (1765-1805), à qui on peut reconnaître plus de talent qu'à son rival et contemporain Battoni. On voit, au palais d'Ajuda, un tableau représentant *le Cœur de Jésus en feu* ; il est peint par dona Maria Benedita, tante du roi Jean VI, et n'est vraiment pas sans mérite. Cette princesse était une artiste ; l'Estrella possède un autre tableau d'elle, mais il est bien inférieur au premier ; il semble représenter saint Michel et le diable qui se disputent la couronne du Portugal ; il est aussi mauvais de dessin que de composition.

Nous terminerons ici cette liste déjà trop longue d'artistes de peu d'importance et nous constaterons que si l'art de la peinture, très enveloppé de ténèbres au début, a eu un moment d'éclat, cette flamme a peu brillé, s'est éteinte promptement, et l'obscurité des médiocres talents est venue de nouveau jeter son voile sur la renommée des artistes portugais.

SCULPTURE

Il est difficile de se rendre compte du degré de perfection auquel la sculpture a été portée chez les Portu-

gais, et du nom des artistes qui ont cultivé cet art ; en
dehors de quelques ouvriers imagiers à qui on avait
confié les statues à faire au couvent de Batalha et à celui
de Belem, il est impossible de rien découvrir qui puisse
jeter quelque lumière sur le degré de culture et
d'avancement de la statuaire en Portugal. Ces imagiers
étaient :

> Gil Eannes (imaginador, 1565).
> Alfonso Lopez (1534).
> Duarte Mendez (entalhador, 1535).
> Henriquez Francez (1535).
> Joao Gonzalvez da Rua (1536).
> Perto Taca (1549).

Quelques œuvres d'un assez grand mérite sont
cependant parvenues jusqu'à nous, mais elles ont été
faites par des étrangers, tels que le Français Nicolas,
qui travailla au couvent de la Penha à Cintra, et l'Italien
Contucci, qui sculpta un grand nombre de tombeaux
dans les églises. Il faut arriver au xviie siècle pour
rencontrer un artiste qu'on puisse avec quelque auto-
rité reconnaitre pour sculpteur portugais : Manoël
Pereira vivait en 1650, il fit de nombreux ouvrages à
Madrid et était très estimé du roi Philippe IV ; mais il
y a peu de ses œuvres en Portugal. Nous citerons
après lui : Joseph d'Almeida, dont les sculptures
ornent le portail de l'église Saint-Paul et la façade du
couvent-palais de Notre-Dame des Nécessitades. De
même que les peintres, les sculpteurs allaient puiser
leurs inspirations en Italie et exagéraient encore le
style tourmenté qui a marqué l'époque de la décadence
des arts ; c'est assez dire combien leurs productions sont
faibles et peu intéressantes.

FAIENCES — AZULEJOS

L'art de décorer les murailles, soit à l'extérieur, soit à l'intérieur, au moyen de mosaïques de carreaux de faïence, a été importé en Espagne par les Arabes. Les alcazars des rois maures en étaient en grande partie couverts ; cette fabrication avait pris une grande extension, elle fut encouragée par les rois chrétiens et bientôt leurs palais ainsi que les églises se couvrirent de carreaux émaillés. Le Portugal ne resta pas étranger à cette appropriation et nous constatons de bonne heure la création de fabriques spéciales de faïence décorée. Il existe, à la chambre de commerce de Lisbonne, des anciennes ordonnances relatives à la corporation des faïenciers ; elles ont été recueillies par Lexo en 1572 et par conséquent sont bien antérieures à cette époque. Un autre document du xve siècle indique que cette sorte d'ornement était très usitée à cette époque ; on relate, en parlant de la cathédrale, « les deux autels et le maître-autel carrelés de Bon Azorecho ».

Pendant le xve siècle et au commencement du xvie, l'art de décorer la faïence se transforma et prit un caractère tout à fait national : on représenta sur des carreaux de faïence de grandes figures entières, des scènes à plusieurs personnages encadrés d'ornements. Quand Philippe III, roi d'Espagne, vint en Portugal en 1619, les ouvriers faïenciers érigèrent en son honneur un arc de triomphe couvert d'azulejos, dont la décoration représentait des figures allégoriques et divers attributs. On a conservé beaucoup d'azulejos unis des xvie et xviie siècles, mais il en existe aussi en relief de cette époque, notamment dans le couvent de la Penha de Cintra, dont le cloître est presque entière-

ment recouvert d'*azulejos*. Avant le tremblement de terre
de 1755, il y en avait de très anciens dans le bâtiment
du jeu de paume; ils se rapportaient aux règles du jeu
et représentaient des joueurs dans différentes attitudes.
Ceux qui ornent le couvent de l'église de *Madre de
Deos* sont également très intéressants. Dans beaucoup
de couvents on a représenté des sujets de la Bible ou
la Vie des saints de l'ordre auquel le couvent appartient. On voit des *azulejos* dans presque tous les bâtiments un peu importants du siècle dernier; quelques-
uns se rapportent aux mœurs de l'époque, d'autres
représentent des combats de taureaux, des danses, des
chasses, etc. Les panneaux étaient généralement encadrés de motifs d'ornements, rinceaux, arabesques, fleurs
et fruits : la coloration employée est le bleu d'azur,
mais il est souvent rehaussé de violet, de jaune et
d'ocre. On avait aussi l'habitude de placer au bas des
escaliers, près des portes d'entrée, des figures modelées en terre émaillée et cuite au four ; elles représentaient habituellement des hallebardiers ou des animaux
gardiens de la maison.

Le nom d'*azulejos* dérive des mots arabe *azzalujo* et
zalaja, qui veulent dire uni et lisse.

Les races conquérantes répugnent par leur nature
aux délicatesses de la civilisation; les plaisirs de l'intelligence et du goût trouvent difficilement leur place au
milieu des camps. Il est donc naturel que le caractère
particulier du peuple portugais ne l'ait jamais entraîné
vers les beaux-arts. Nation fière, robuste, guerrière,
elle a voulu se créer d'abord une indépendance politique; elle y est parvenue grâce à de continuels efforts.
Cette tâche à peine achevée, les Portugais s'élancèrent
à la découverte de trésors sur des terres nouvellement
visitées, et toute leur énergie fut dirigée de ce côté :

conquérants ou marchands, tous étaient entraînés par
le besoin de l'or, sans penser qu'il pouvait y avoir
quelque gloire à s'adonner aux beaux-arts ou à cultiver les lettres. Lorsque les rois de Portugal, fiers de
leur richesse, voulurent s'en faire honneur, ils furent
obligés de s'adresser à des étrangers pour construire et
décorer leurs églises, leurs couvents et leurs palais. Ce
contact fit jaillir quelques étincelles de vie artistique,
mais ce foyer n'étant alimenté que par les fastueuses
fantaisies du prince s'éteignit bien vite. Il eût fallu pour
le vivifier un esprit public épris des œuvres d'art. Ce
court moment peut s'appeler le grand siècle, il a vu
s'élever les splendides monuments qui font encore
aujourd'hui la gloire du Portugal; mais tous les regards
et toute la vitalité de la nation étaient tournés du côté
des Indes; un bon navire était mieux apprécié qu'un
bon tableau ou une belle statue. Camoëns, le génie
national par excellence, ne devint un grand poète qu'en
chantant dans ses *Lusiades* les exploits de Gama et de
ses compagnons sur ces terres fantastiques, et malgré
cela il vécut pauvre et peu honoré.

La peste qui désola le pays en 1570, la fin malheu-
reuse du règne de don Sébastien, la domination étrangère, tout concourut à anéantir les moindres aspirations
artistiques; le tremblement de terre acheva l'œuvre de
destruction que l'indifférence et l'oubli avaient commencée. Avec le règne régénérateur de Joseph Ier, une
nouvelle existence renaît, les Portugais, secoués par la
main violente de Pombal, se livrent à de nouvelles
créations; des églises, des couvents, des palais, des
arsenaux s'élèvent de tous côtés; on travaille avec
ardeur, mais il n'y a plus d'artistes pour créer des
œuvres originales, il n'y a plus d'architectes pour diriger les travaux; il faut en former à la hâte et faire

appel à l'étranger. Dès lors, il n'y a plus d'art national,
et les productions de cette époque ne sont que les
faibles copies de ce qui se fait ailleurs.

Lisbonne possède aujourd'hui une Académie des
Beaux-Arts, où l'on a réuni une grande quantité de
tableaux, et une École où se forment de nombreux
artistes, et tout fait espérer que l'activité nouvelle ne
sera pas purement industrielle et qu'elle se fera sentir
chez les peintres, les sculpteurs et les architectes, par
des tendances vers un idéal plus élevé.

CHAPITRE VII

SÉVILLE

La Manufacture de tabacs. — La Cristina. — Le Faubourg de Triana. —
La Torre del Oro. — La Casa da Pilate. — L'Alcazar. — La Cathé-
drale. — La Giralda. — Écroulement de la grande nef. — Murillo. —
Le Musée. — Zurbaran.

La capitale de l'Andalousie est la ville la plus riante,
la plus gaie, la plus alerte de toute l'Espagne; aristo-
cratique et démocratique à la fois, les deux classes
extrêmes de la société s'y coudoient et entremêlent
leurs élégances. Si la cigarière la plus pauvre trouve
encore quelques maravédis pour placer une rose dans
ses cheveux, la femme du monde cultive tous les luxes :
équipages, toilettes, réceptions, courses de taureaux,
réunions aux églises, elle a des mantilles, des fleurs et
des éventails appropriés à chacune de ces circonstances.
La ville en elle-même est vaste, diffuse, toute moderne;
elle a la pétulance et le bourdonnement de la vie; mais
rien n'est moins pittoresque que l'aspect des rues et
des maisons, dont les façades sont régulièrement badi-
geonnées de couches de chaux. Les portes sont, en

8

général, fermées par des grilles finement ouvragées qui
laissent apercevoir le *patio*, orné de colonnes, de fontaines, de pots de fleurs, d'arbustes, de tableaux, et
pavé de mosaïques. Le *patio* est le centre de la vie de
famille ; pendant dix mois de l'année, il sert de salon,
de salle à manger et même quelquefois de chambre à
coucher. Six ou huit lampes ou quinquets sont accro-
chés le long des murs, des canapés et des chaises de
jonc meublent les galeries, des guitares traînent çà et
là, et le piano légendaire se trouve toujours placé dans
quelque coin. Pendant la journée, une *vela*, tendue au-
dessus de la galerie supérieure, abrite des ardeurs du
soleil. Ces patios, ordinairement étroits et resserrés,
prennent quelquefois de vastes proportions et deviennent
de véritables cours plantées, entourées de galeries à
arcades.

Les femmes de Séville justifient leur réputation de

L'aspect des églises est tout à fait gai ; elles sont
construites en briques, mais rehaussées de carreaux
de faïence bleus, blancs, verts ou jaunes, qui alternent
par assises avec le ton rouge de la brique. Les coupoles sont généralement polygonales et recouvertes de
tuiles vernissées, et les arêtes ont des couvre-joints alter-
nés bleus et blancs. Ces diverses colorations brillent au
soleil et se détachent sur l'azur du ciel.

Les femmes de Séville justifient leur réputation de
beauté, mais elles se ressemblent presque toutes : même
allure fringante, mêmes cheveux noirs et lustrés,
mêmes yeux largement fendus, frangés de cils bruns.
Pour en juger, il faut visiter la célèbre manufacture de
tabac ; trois ou quatre mille femmes sont employées
par l'État à rouler des cigares et des cigarettes ; elles
sont parquées par groupes de quatre à cinq cents dans
d'immenses salles, sous la surveillance de matrones.
C'est un bruit infernal : elles parlent, chantent et se

LA GIRALDA.

disputent toutes à la fois ; jeunes, pour la plupart, quelques-unes apportent à l'atelier le baby, qu'elles ne
peuvent abandonner ; elles le bercent et le nourrissent
sans interrompre leur travail. Elles ont un négligé
extrême dans leur pose et dans leur toilette, ce qui permet d'apprécier leurs charmes en toute liberté. Beaucoup consomment leurs produits, c'est-à-dire allument
la cigarette qu'elles viennent de faire, ou le cigare
qu'elles ont roulé ; aussi règne-t-il dans ces salles une
chaleur malsaine et une odeur nauséabonde. A la porte,
la marchande de fleurs, avec son éventaire plein de
roses et de camélias, vient éveiller la coquetterie de ces
pauvres filles : c'est leur seule parure. Placée de côté
dans les cheveux, la fleur donne à toutes ces têtes des
allures lestes et agaçantes, que sont loin de démentir
les regards et les œillades qu'elles lancent aux visiteurs ;
affaire d'habitude. Les *cigareras* sont recrutées parmi
la partie la plus misérable de la population.

Le monde élégant se donne rendez-vous à la Cristina, *las Delicias da Cristina*, promenade ombragée
de platanes, qui longe d'un côté les bords du Guadalquivir, et de l'autre les merveilleux jardins du palais de
San-Telmo, résidence du duc de Montpensier. Les
belles dames viennent parader et jouer de l'éventail
dans leurs équipages, tandis que, sur les bas-côtés, les
jolies filles s'en vont par bandes de trois ou quatre, sui-
vies de leurs galants, car il n'est pas de mode en Andalousie de donner le bras aux dames. Il faut, pour bien
juger du caractère de toute cette population, assister à
une course de taureaux ; les frayeurs, les espérances,
les fureurs, les triomphes, secouent ces têtes expres-
sives, tandis que la galanterie les pare de tous leurs
charmes. Nous n'avons pu jouir de cet intéressant spectacle, la *Plaza de Toros* était fermée ; nous l'avons

d'autant plus regretté que les courses de Séville sont,
au dire des *aficionados*, les plus brillantes de l'Espagne.
Ferdinand VII, le plus grand amateur de courses de
tout son royaume, avait fondé à Séville un Conserva-
toire de tauromachie, où l'on exerçait les élèves, d'abord
sur des taureaux en carton, puis sur des *novillos*, avec
des boules aux cornes, et enfin sur des taureaux sérieux, jusqu'à ce qu'ils fussent dignes de paraître en
public.

Les Sévillans ont aussi une autre passion; ils sont fana-
tiques de combats de coqs. En parcourant les faubourgs,
on peut voir de tous côtés, dans des cages spéciales, de
magnifiques coqs au plumage doré, qui, dans leur fierté
native, luttent de la voix à gosier déployé, avant de
combattre corps à corps. Il n'est pas rare de rencontrer
dans les rues un homme, avec son coq sous le bras,
allant défier quelque camarade, ou rapportant à la maison son pauvre volatile misérablement désemparé.

Le fleuve Guadalquivir borde tout un côté de la ville
et la sépare de Triana, faubourg très populeux, très
mouvementé, plein de gitanos, de mulets, de fritures en
plein vent et de fabriques de faïences de forme et de
coloration particulières. Une grande fabrique de porce-
laine a été récemment installée dans les bâtiments d'une
ancienne chartreuse dont on a conservé la curieuse
chapelle. Les moines ont été remplacés par beaucoup
d'ouvriers et une foule d'ouvrières. Celles qui font partie de l'atelier de décoration sont filles de la petite
bourgeoisie; toutes jeunes, sémillantes et coquettes, la
fleur traditionnelle dans les cheveux, elles manient
leurs pinceaux avec habileté, tout en lançant aux visiteurs l'œillade enflammée et réglementaire; il n'y a pas
de Sévillane sans fleurs et sans œillade, mais cela tire
bien peu à conséquence; la galanterie se promène dou-

cement à travers ce monde-là sans grands effets désastreux.

A quelques kilomètres de Triana se trouvent les restes de l'ancienne ville d'Italica, patrie du poète Silius Italicus, des empereurs Trajan, Adrien et Théodose. Il ne reste plus que quelques vestiges d'un cirque et des ruines peu intéressantes habitées par des troupeaux de petits cochons violets ; en fouillant ces décombres, on a trouvé des statues et des bustes d'un bon style ; ces choses précieuses, ainsi que des morceaux d'architecture et d'intéressants fragments de bas-reliefs, ont été transportés au musée de Séville.

Triana veut dire Trajana ; aussi la *Puerta Triana* a-t-elle des prétentions romaines en partie justifiées ; si nous pouvons donner créance à ses colonnes doriques accouplées, nous devons récuser les armoiries royales et les pyramides qui la surmontent. Séville était autrefois entourée d'une enceinte de murailles crénelées, flanquées par intervalles de grosses tours et défendues par un fossé. Le fossé est partout comblé, la plupart des tours sont écroulées, et la ville a, de toutes parts, crevé la muraille, pour se porter au delà. Il reste encore quelques beaux morceaux de cette fortification : la *Torre del Oro* en est le plus bel échantillon. Cette tour octogone, à trois étages en recul, est crénelée à la mauresque et baigne dans le Guadalquivir. Du temps des Maures, elle supportait une des extrémités de la chaîne qui servait à barrer le fleuve ; elle était réunie à l'Alcazar par une galerie dont on voit encore les restes ; on la nommait la tour de l'or, parce qu'on y déposait l'or et l'argent qui arrivaient d'Amérique par les galions. Toutes ces constructions sont faites avec une espèce de pisé de mortier et de cailloux, revêtu d'un enduit tellement dur que les arêtes sont encore parfaitement vives.

En pénétrant au centre de la ville, nous nous arrê-
terons devant le palais de l'*Ayuntaminto*, dont une des
façades est un délicieux modèle de tout ce que le style
de la Renaissance a pu imaginer de plus délicat et de
plus fin; puis nous nous rendrons à la *Casa de Pilate*.
Le palais qu'on désigne sous ce nom bizarre appartient
au représentant de la plus noble famille d'Espagne, au
duc de Medina-Celi, dont les ancêtres protestaient, par
acte authentique, à chaque avènement royal pour établir leur droit et leur parenté. Au xvi⁰ siècle, un duc de
Medina-Celi eut l'idée de reproduire dans ce palais les
dispositions de la maison de Pilate, à Jérusalem. C'est
bien, un peu enfantin, et même un peu ridicule, mais
l'Espagne de l'Inquisition ne savait guère discerner les
moyens quand il s'agissait de marquer sa dévotion.
Toujours est-il que cette délicieuse demeure, dont les
cours sont entourées de portiques de marbre, ornées
de fontaines, de statues romaines et de bustes, dont les
salles sont revêtues des plus riches faïences, dont les
plafonds caissonnés sont niellés d'or et d'arabesques,
est un véritable palais des *Mille et une Nuits*. La
duchesse actuelle de Medina-Celi y donne quelquefois
des fêtes; des lustres éclairent toutes ces merveilles et
les jolies Andalouses dansent au son d'un orchestre,
sans s'inquiéter de Pilate et de son tribunal.

L'Alcazar comprend un assemblage de palais datant
de toutes les époques et construits dans tous les styles.
Philippe V, Philippe III, Philippe II et Charles-Quint
ont laissé là, comme partout, la marque de leurs con-
venances personnelles et de leurs goûts particuliers,
sans s'inquiéter de ce qui les avait précédés; il faut
encore leur savoir gré de ne pas avoir complètement
détruit les merveilles d'un autre art et d'avoir élevé
leurs constructions à côté des anciens palais. Il faut

traverser des galeries et des cours d'une architecture
lourde et sans grand caractère, pour trouver la belle
porte arabe qui servait d'entrée d'honneur, aux rois
maures. Cette remarquable porte est à elle seule un
délicieux monument composé de plusieurs étages superposés, enrichis de faïences, protégés par la large saillie
d'une toiture toute sculptée, rehaussée d'or et de colorations diverses. Pierre le Cruel habita longtemps ce
palais. Les relations intimes qu'il avait établies avec les
Maures de Grenade lui permirent d'appeler à Séville
des architectes et des ouvriers qui réparèrent avec
intelligence l'ancien Alcazar, et ajoutèrent plusieurs
salles magnifiques à ce qui existait déjà. Depuis la conquête de Ferdinand III, en 1248, jusqu'à Pierre le Cruel
qui monta sur le trône en 1350, tout avait été livré à
l'abandon, il fallut tout refaire, et c'est à juste titre que
Pierre put faire écrire en caractères gothiques sur la
porte principale dont nous avons parlé : « *Don Pedro
hizo estos palacios*..... » Plus d'un siècle et demi s'était
écoulé lorsque Charles-Quint voulant habiter Séville fit
agrandir le palais de Pierre le Cruel et construisit le
grand patio de *las Doncellas*, les magnifiques salles
qui l'entourent ainsi qu'un ravissant pavillon situé à
l'extrémité des jardins. Les restaurateurs de cette
époque étaient peu scrupuleux ; si les architectes de
Pierre avaient employé d'anciens chapiteaux romains
dans la construction du portique du patio de *las Men-
necas*, ceux de Charles-Quint firent mieux, ou plus mal
encore, ils entourèrent le patio de las Doncellas de
colonnes de marbre blanc accouplées, et firent porter
des arcs mauresques sur d'élégants chapiteaux de la
Renaissance. Après la chute de Joseph Ier, frère de
Napoléon, et à l'avènement de Ferdinand VII, un général, que ses succès militaires ne désignaient cependant

pas à la reconnaissance publique, fut nommé gouverneur de Séville et logé à l'Alcazar. Sous prétexte de nettoyage, il fit tout badigeonner à la chaux : on a beaucoup travaillé à réparer cet incroyable outrage. Nous ne savons à qui attribuer la bizarre idée d'avoir fait peindre dans la frise de la salle des ambassadeurs les portraits de tous les rois d'Espagne depuis les temps les plus reculés jusqu'à nos jours ; les anciens avec leur couronne d'or et leur cuirasse font encore une figure possible, mais les derniers, poudrés à blanc et en habit brodé, produisent, à travers cette architecture mauresque, l'effet le plus grotesque. Ces restaurations mal comprises donnent à l'Alcazar un aspect de faux aloi qui fait malheureusement penser à un café-concert. Les bains de Maria Padilla sont encore tels qu'ils étaient autrefois ; la voûte de la salle des étuves n'a pas subi la moindre altération. La dernière souveraine qui ait habité l'Alcazar est l'ex-reine d'Espagne Isabelle ; mais la fille de la reine Christine n'effacera pas le souvenir de la belle et poétique compagne pour laquelle le roi Pierre avait fait décorer ce palais.

Les jardins sont dessinés dans un goût vieillot qui pourrait bien remonter très loin ; ils sont remplis de bassins, de jets d'eau multipliés, de fontaines, de colonnes, de statues, de portiques en rocaille et d'ifs taillés dans les formes les plus étonnantes ; l'ombre des citronniers et des orangers les plus magnifiques y entretient une agréable fraîcheur. Séville est la terre promise des orangers, ils ornent toutes les places, les jardins en regorgent et, dans la campagne, les champs cultivés sont plantés régulièrement d'orangers comme ils le sont d'oliviers en Provence ou de pommiers en Normandie.

Avant de visiter la cathédrale de Séville, il est bon
de rappeler la résolution prise par les chanoines, à la
date du 2 juillet 1400, telle qu'elle se trouve consignée
dans les archives du chapitre : « *Fazamos un templo
tal e tan grande que no lo haya igual en el mundo, e
que los venideros nos tengan por locos. 2 de julio
an 1400* ». « Faisons un temple tel et si grand qu'il n'y
en ait pas de pareil au monde, et que la postérité nous
tienne pour fous ». Les chanoines ont persévéré dans
leur résolution pendant quatre cents ans ; pendant tout
ce temps ils se sont renfermés dans une petite maison
et se sont condamnés au pain et à l'eau. Voilà un bien
rare exemple d'une constance inébranlable et d'une
énergie tout espagnole. La cathédrale a été commencée
en 1403 et n'est pas encore achevée ; aussi présente-
t-elle une diffusion et une confusion de tous les styles ;
comme elle occupe l'emplacement d'une ancienne mosquée, on y rencontre quelques beaux morceaux d'architecture arabe ; le plus remarquable est la porte qui
donne accès dans la grande cour de *los Narangeros*, et
qu'on nomme porte du Pardon. La cathédrale présente
en outre des réminiscences du style classique romain,
du gothique, de la Renaissance, du platéresque, du
baroque, de l'insignifiant et de l'ennuyeux. La façade
de l'entrée principale est tout entière gothique et homo-
gène, mais c'est la seule. Une grande quantité de
colonnes ou tronçons de colonnes réunies entre elles
par des chaînes entourent le monument ; quelques-
unes sont antiques et proviennent des ruines d'Italica,
d'autres viennent de l'ancienne mosquée.

La Giralda, qui sert de campanile à l'église et
domine tous les clochers de la ville, est une ancienne
tour mauresque élevée par un architecte appelé Gebert
ou Guever, inventeur de l'algèbre *(al geber)* à laquelle

il a donné son nom. La couleur rose de la brique et la
blancheur de la pierre avec laquelle elle est construite
lui donnent un charmant air de gaieté et de fraîcheur, bien
qu'elle date de l'an 1000. Elle avait primitivement
150 mètres de haut, et était terminée par un toit de carreaux vernissés de différentes couleurs. En 1558, l'architecte Francisco Ruiz bâtit sur cette tour un haut beffroi pyramidal de trois étages, et plaça, tout en haut,
une gigantesque figure de la Foi, en bronze doré, tenant
une palme d'une main et un étendard de l'autre. Cette
statue sert de girouette, gire à tous les vents et justifie
le nom de *Giralda* donné à tout le monument. Quand
on a gravi les rampes de l'ancienne tour mauresque, si
douces et si faciles que deux cavaliers peuvent y passer
de front, quand on est arrivé à la lanterne par l'escalier
de Francisco Ruiz, Séville est vos pieds et la vue
s'étend sur un admirable panorama.

Beaucoup de voyageurs ont rempli des pages entières
de la profonde émotion qu'ils ont ressentie en entrant
dans l'intérieur de la cathédrale ; les moins exaltés
l'ont qualifiée d'œuvre merveilleusement grande, véné-
rable, belle et riche ; on a dit qu'elle était un grand
livre ouvert qui contenait toute l'histoire de l'art. Il ne
nous a pas été, malheureusement, permis de jouir de
ces merveilles, ni de nous rendre compte de la valeur
des œuvres artistiques qu'elle renferme. Au printemps
de l'année dernière (1888), à la suite de travaux entre-
pris pour réparer quelques lézardes, qui s'étaient pro-
duites dans les voûtes de la grande nef, un des énormes
piliers situés à la croisée de la nef et du transept s'af-
faissa subitement, entraînant dans sa chute une grande
partie des voûtes et de la toiture. Le sinistre fut épouvantable ; les ouvriers eurent fort heureusement le temps de
se sauver, mais le chœur si merveilleux, entouré de

grilles dorées, et les deux prodigieux buffets d'orgue,
ne sont plus qu'un monceau de débris mêlés aux ruines
qui jonchent le sol ; la cause de ce malheur fut bientôt
découverte : l'architecte chargé des travaux, hélas, quel
architecte ! avait élevé pour la réparation des voûtes un
immense échafaudage, dont les pièces principales
venaient s'appuyer obliquement contre un des gros
piliers. Lorsqu'on eut démoli une partie des arcs-dou-
bleaux qui supportaient les voûtes, la poussée générale
fut déséquilibrée et se reporta tout entière sur cet
unique point d'appui ; il ne put résister, céda et s'abattit,
entraînant dans sa chute tout ce qu'il était chargé de
soutenir. La cathédrale n'est plus qu'un vaste chantier.
Au milieu, des morceaux de corniches, de frises, de chapiteaux, des pièces de bois sculpté, des tronçons de
tuyaux d'orgue ; à travers ce prodigieux écroulement,
un nouvel échafaudage se dresse composé de pièces de
bois tellement grandes, tellement lourdes, qu'il faut
souhaiter au nouvel architecte un point d'appui digne
du levier d'Archimède, pour éviter qu'un nouvel accident
ne vienne entraîner la destruction complète de la cathédrale.

Le grand retable du maître-autel a été préservé par
miracle ; quant au chœur, ce prodige de génie et de
patience qui était signé : « *Nufro Sanchez entallador
qui Dios haya este coro fizo ano de 1475* », il est dans
un état déplorable ou pour mieux dire, n'existe plus.
Les tableaux qui n'ont pas été atteints par le désastre
sont rangés dans quelque arrière-coin de l'église,
empilés les uns sur les autres, la face du côté du mur.
Que de chefs-d'œuvre sont là, entassés, dont il est impossible de jouir ! Le fameux *Saint Antoine de Padoue*, la
plus belle toile de Murillo, son œuvre maîtresse, a été
heureusement préservé.

Séville est la patrie de Murillo, et, plus heureuse
que beaucoup d'autres, elle peut se faire gloire des
chefs-d'œuvre du grand homme qu'elle a vu naître.
Bartolomeo Esteban Murillo naquit à Séville le 1er janvier 1618. Il eut pour premier maître son oncle Juan
del Castillo, qui ne lui enseigna que des procédés bien
imparfaits ; il fut à même de juger de l'insuffisance de
ces moyens, lorsque son condisciple Pedro de Moya
revint de Londres où il avait reçu les leçons de Van
Dyck. Un nouvel horizon venait de s'ouvrir aux yeux de
Murillo ; il voulut voyager, parcourir l'Italie, les Pays-
Bas, aller à Venise : il ne vint qu'à Madrid et s'y arrêta.
Favorablement accueilli par Velazquez, son compatriote,
alors en faveur à la cour, il put admirer les chefs-
d'œuvre qui ornaient les résidences royales ; pendant
trois ans, il copia les tableaux des maîtres allemands et
vénitiens, tout en recevant les leçons de Velazquez.
Revenu à Séville en 1645, il commença à peindre pour
quelques églises et communautés ; son talent lui permit
promptement d'épouser en 1648 une demoiselle noble
de la ville de Pilas, dona Beatrix de Cabrera y Soto-
mayor. A partir de ce moment, Murillo vit s'accroître
rapidement sa renommée ; il peignit si bien dans le sentiment exalté des Espagnols, que tous les couvents et
les cathédrales lui réservèrent les plus belles places sur
leurs autels ; aussi fut-il obligé de reproduire plusieurs
fois, mais en la variant toujours, cette admirable composition qui représente la Conception de la Vierge.
Murillo fut le peintre de la religion ; il joignait au sentiment de la réalité toute la poésie de la foi, car il était
religieux, dévot même, et restait de longues heures en
méditation au pied des autels, dans les coins obscurs
des églises, plongé dans ses pieuses rêveries. Pendant
qu'il était à Cadix, occupé à peindre le tableau des

fiançailles de sainte Catherine, destiné au maître-autel
de l'église des Capucins, il se blessa en tombant de
l'échafaudage. Ramonó à Séville, il passa le reste de sa
vie à souffrir et à prier, et mourut le 3 avril 1682, après
avoir fondé une académie publique de dessin dont Herrera, Valdes et Iriarte étaient les professeurs.

Le talent de Murillo a eu trois phases : ses premiers tableaux s'inspirèrent des œuvres de Ribera et de
la manière de chacun des peintres qu'il avait étudiés à
Madrid, mais ils dénotent surtout l'influence de Velazquez ; il se familiarise ensuite avec ses propres moyens,
et peint avec plus de liberté et de souplesse, mais, après
son mariage, il entre en pleine possession de lui-même
et devient maître à son tour. Les qualités dominantes
de Murillo sont la distinction, une facilité surprenante
à tout peindre et une merveilleuse fécondité. Peintre
religieux suivant la pratique de son temps, son caractère doux et aimable se reflète dans ses œuvres. Il passa
sa vie dans une ville remplie de moines et de mendiants ; Séville et les splendeurs de sa cathédrale étaient
tout son horizon ; tout limité qu'il était, il sut en tirer
parti avec génie et avec une foi profonde, de là vient
le côté presque surnaturel de son talent. Son œuvre est
immense, ses tableaux se comptent par centaines ; le
musée de Madrid en possède quarante-cinq pour sa
part ; la galerie particulière du roi Louis-Philippe en
contenait trente-huit ; il y en a neuf au Louvre et vingt-
cinq au musée de l'Ermitage, à Saint-Pétersbourg. Il y
en a trois à la cathédrale de Séville et on en a réuni
dix-huit au musée de cette ville, sans compter les
tableaux non classés qui appartiennent aux églises et les
nombreux Murillo vrais ou faux qu'on voit toujours en
Espagne dans les galeries particulières. L'erreur est du
reste facile, Murillo ayant très rarement signé ses tableaux.

Le musée de Séville est installé dans l'église de
l'ancien couvent de la Merced, nulle autre part il n'est
possible de mieux apprécier Murillo. Devant ces dix-
huit toiles rangées à côté les unes des autres ; la variété
des sujets, les heureuses dispositions qu'il a su adopter,
le charme inouï de son pinceau, l'intensité de sa coloration, font admirer son talent hors ligne et son génie
personnel. S'il a répété souvent sa fameuse Conception,
c'est que la première répondait si bien à la dévotion et
au sentiment général que tous voulaient en avoir la
représentation sous les yeux. Murillo s'est répété sans
jamais se copier, et chacune de ses répétitions a son
caractère propre et son cachet particulier, bien que la
Vierge ravie soit invariablement vêtue de blanc et de
bleu. On sait l'histoire des démêlés qui eurent lieu
entre Murillo et les Pères Franciscains qui lui avaient
demandé une Conception pour la coupole de leur église :
Murillo, sachant que son tableau serait vu de loin, avait
eu soin de le traiter dans le sentiment du décor, de le
dessiner largement et de le peindre avec hardiesse.
Quand le tableau fut terminé, les religieux refusèrent de
le recevoir, disant qu'ils ne pouvaient accepter un
tableau aussi mal peint ; Murillo obtint difficilement la
permission de le faire mettre à la place qn'il devait
occuper ; alors les bons Pères rougirent de leur ignorance devant cette merveille qui les enchantait, et, pour
calmer la juste indignation de l'artiste, ils lui payèrent
le double du prix convenu. Ce tableau, descendu de sa
coupole, est au musée de la Merced ; malgré la hardiesse de la touche, c'est peut-être la plus belle Conception qui soit en Espagne.

Quand on entre dans la salle unique du musée, on
est tout d'abord saisi, empoigné comme disent les
peintres, par un admirable tableau. Peint pour le collège

de Saint-Thomas d'Aquin, à Séville, il représente le saint debout, autour de lui les quatre docteurs de l'Église sont assis sur des nuages ; plus haut, le Christ et la Vierge lui apparaissent dans une gloire avec saint Paul et saint Dominique. D'un côté, au premier plan, l'empereur Charles-Quint, couvert de son armure et du manteau impérial, est agenouillé, accompagné des chevaliers religieux de l'ordre des Prêcheurs ; de l'autre côté, l'archevêque Deza, fondateur du collège, est en adoration, suivi de toute sa famille. Cette merveilleuse peinture, dont tous les personnages sont plus grands que nature, ce chef-d'œuvre, est signé : François Zurbaran. Ce nom, qui fait généralement penser à quelque tableau sombre, représentant une créature décharnée et souffrante, est celui d'un des plus grands peintres de l'Espagne. Né en Estramadure en 1598, Zurbaran vint de bonne heure à Séville travailler sous la direction de Juan de las Roëlas, vit quelques toiles du Caravage et fut séduit par la franchise et la rudesse de sa peinture. Séville était alors la ville par excellence des communautés religieuses, on y comptait soixante couvents d'hommes ou de femmes, Zurbaran fut inspiré par ces robes, ces capuchons, ces ceintures de corde qu'il avait perpétuellement sous les yeux ; il voulut rendre toutes les passions, les angoisses, les souffrances, les extases et les ravissements qui s'agitaient sous ces costumes. Son talent ne tarda pas à prendre un grand essor, et il avait à peine vingt-cinq ans qu'il travaillait au grand retable de la cathédrale et recevait des commandes de tous côtés. Le magnifique *Saint Thomas d'Aquin*, qui est considéré comme son chef-d'œuvre, fut peint vers 1627. La peinture de Zurbaran est large, la lumière y est répandue de tous côtés. Malgré son goût pour les belles draperies et les belles étoffes, qu'il savait si bien rendre,

9

il peignit avec un rare talent la suite de tableaux qui
lui avaient été commandés pour la chartreuse de Xérès.
Ces graves peintures, d'une tristesse solennelle, remplies du sentiment monastique, telles qu'aurait pu les
concevoir notre Lesueur, sont au musée de Séville. La
couleur en est claire, le dessin simple, sans rien enlever
à la grandeur de la composition. Les deux principaux
sujets sont : « La Réception de saint Bruno par le pape,
et le Miracle de saint Hugues ». Zurbaran vint à Madrid
vers 1650 et fut nommé peintre du roi ; Philippe IV lui
confia la décoration de plusieurs salles du palais du
Buen Retiro et d'autres résidences royales ; il mourut
en 1662.

Velazquez, Murillo, Zurbaran, telle est la part immense qui revient à la ville de Séville dans la gloire
artistique de l'Espagne.

CHAPITRE VIII

GRENADE

De Séville à Grenade. — Ossuna. — La Vega. — L'Almeida. — La Cathédrale. — La Chapelle des rois catholiques. — L'Alhambra. — Le Palais de Charles-Quint. — La Tour del Judicio. — La Piazza de los Algibes. — Intérieur de l'Alhambra. — Le Generalif. — L'Albaycin.

L'Andalousie peut à juste titre passer pour la plus curieuse et la plus riche province de l'Espagne. Les villes ont conservé intact le caractère de leur origine mauresque, et la campagne, d'une fertilité rare, est encore cultivée par les procédés qu'employaient les Arabes. Le voyage de Séville à Grenade est une longue promenade à travers des champs d'orangers, de belles cultures, de charmantes vallées plantées d'oliviers et de chênes-lièges, séparées par de belles montagnes au profil élégant et bien découpé. On peut constater que l'habitant de cet heureux pays n'a laissé inculte aucun coin de cette riche terre, dût-il aller le chercher à quelques centaines de mètres de hauteur. De grands agavés gris bordent les champs et donnent au paysage un caractère tout à fait africain.

Pendant ce trajet, qui se fait en une journée de chemin de fer, on aperçoit la jolie ville d'Ossuna, capitale d'un des plus riches duchés de l'Espagne. Bien que l'alcazar arabe ait fait place à un couvent et à une jolie église Renaissance, il est impossible de dénier à ces murailles revêtues d'un enduit couleur d'ocre, à ces tours carrées et crénelées, à ces bâtiments plats qui s'échelonnent sur les flancs de la colline, un caractère absolument mauresque ; mais, à côté de ces souvenirs sévères d'un autre âge, les campaniles élancés des églises, les façades blanches des maisons égayées de volets bleus ou verts, éloignent de la pensée les guerres perpétuelles que ces petits souverains princes ou ducs se faisaient entre eux.

Après avoir traversé une chaîne de montagnes, on pénètre dans la célèbre *Vega*. Loja en est la clef : ville construite en escarpement sur les flancs de la montagne, elle est encore dominée par les ruines d'une forteresse romaine. Le Genil, que nous suivrons maintenant jusqu'à Grenade, passe au fond d'une gorge profonde ; c'est lui, ce sont ses eaux bienfaisantes qui enrichissent cette plaine merveilleusement fertile. Elles se répandent de tous côtés au moyen de canaux grands et petits qui sillonnent le territoire, de telle façon que chaque champ peut être couvert d'eau en temps utile, ou desséché par un courant établi en sens opposé. Ce système d'irrigation est poussé tellement loin, que dans les terrains en pente qui ne peuvent être submergés, chaque olivier est entouré d'une cuvette dans laquelle l'eau est amenée par un ruisseau spécial. Cette fraîcheur bienfaisante donne des résultats merveilleux. La race des Maures établis en Espagne était douée à un point surprenant de toutes les qualités et de toutes les vertus ; artistes, guerriers, cultivateurs, ils ont embelli l'Espagne et l'en-

GRENADE

richissent encore aujourd'hui. Si les rois catholiques ont
pu les chasser du pays, ils ont conservé leurs arts et
ont continué leurs procédés de culture. Il faut encore
s'entendre à propos de cette conquête ; si Ferdinand et
Isabelle s'emparèrent de Grenade et chassèrent en 1492
le roi Boabdil, ils se gardèrent bien de renvoyer avec
lui la population industrieuse qui occupait le pays
depuis sept cents ans. Ils la conservèrent au contraire,
la baptisèrent en masse et en firent des chrétiens, trop
habiles politiques pour se priver du concours de tant
de braves gens qui enrichissaient leur trésor. Aussi une
grande partie des arts et de l'industrie est restée au
mains des Arabes longtemps après la prise de Grenade
et s'est lentement transmise à leurs successeurs. Cette
influence fut tellement féconde qu'en beaucoup d'endroits nous retrouvons encore les anciens usages et
qu'un quartier tout entier de Grenade, l'Albaycin, est
occupé par les descendants directs des sujets du roi
Boabdil.

Grenade est bâtie sur trois collines à l'extrémité de
la plaine de la Vega : la ville proprement dite occupe
les pentes les moins élevées et s'étend dans la plaine ;
l'Alhambra, espèce d'acropole, couronne les parties
supérieures, et l'Albaycin est un quartier à part, séparé
des deux autres par un ravin profondément encaissé, au
fond duquel coule le Darro. Le Genil côtoie la ville et
la promenade de l'Almeda, et, tout au fond derrière
Grenade, les sommets neigeux de la Sierra Nevada se
détachent en notes éclatantes sur l'azur du ciel.

Grenade est une ville gaie, riante, animée, quoique
bien déchue de son ancienne splendeur ; malgré cela,
elle est citée pour son luxe et ses beaux équipages.
Pour s'en rendre compte, il faut suivre les Andalous à
la promenade et à l'église. La promenade : l'Almeda

qu'on nomme communément le Salon, est formée d'une
longue allée de plusieurs rangées de platanes, terminée
à chaque extrémité par une fontaine monumentale ; il y
a des allées latérales pour les piétons et les cavaliers,
et un grand parterre rempli d'arbustes et de fleurs
s'étend jusqu'au bord du Genil. La rue qui porte encore
le nom arabe de Zacatin est l'endroit le plus fréquenté,
le plus bruyant, le plus animé de Grenade. Tout le
petit commerce s'y donne rendez-vous. On y trouve
des chapeaux, des souliers, des étoffes, des changeurs,
des alcarazas, des couteaux, des chapelets et autres
menus objets. Tout auprès se trouve le bazar appelé
l'Alraiceria, ancien vestige arabe, réparé, admirablement conservé et toujours habité par une population de
Juifs, vêtus de calottes décolorées et de vêtements grais-
seux.

Du bazar à la cathédrale, il n'y a qu'un pas. Grand
monument qui n'a plus d'âge, cette église a été tellement refaite à différentes époques, qu'il est bien difficile de lui attribuer une origine déterminée. Il est
cependant certain que sa fondation fut ordonnée par
Ferdinand et Isabelle, avec la pensée de se préparer,
sur le lieu même de leur conquête, une sépulture digne
de les recevoir. L'intérieur est de grande dimension,
et, comme à Séville, les voûtes sont élevées sur de
hauts piliers formés de colonnes engagées les unes
dans les autres. Les chapelles sont fermées par de
superbes grilles enrichies de personnages, de guirlandes
et d'ornements divers en fer battu, repoussé et doré. La
Capilla Real renferme les mausolées royaux ; dans un
caveau pratiqué sous le sol, on a déposé les corps du
roi Ferdinand V, de la reine Isabelle, de Jeanne la
Folle, leur fille, et de Philippe le Beau, son mari. Le
retable de cette chapelle est un des plus beaux et des

mieux ordonnés qu'on puisse voir en Espagne ; mais il faut en attribuer le mérite aux artistes bourguignons ou flamands.

Divisé horizontalement par les entablements de deux ordres superposés, il se compose de six sujets en haut-relief, séparés par de délicates colonnes. A droite et à gauche une série de niches abritent les douze apôtres ; l'ensemble est surmonté d'un couronnement composé de frontons et de guirlandes. En bas, de chaque côté de l'autel, les statues de Ferdinand et d'Isabelle sont agenouillées devant des prie-Dieu. Ce magnifique retable, sculpté dans la pierre avec un sentiment exquis et une rare finesse, est peint tout entier ; les personnages et l'architecture sont en couleurs, tandis que les fonds et les parties plates sont dorés. Il faut bien l'avouer, malgré notre peu d'admiration pour l'abus de la polychromie, qui en voulant trop prouver tombe généralement dans le ridicule, le temps a donné une telle patine aux peintures de ce retable, elles se marient si harmonieusement avec les chauds reflets d'or des fonds, la délicate et fine architecture du xvᵉ siècle, toute couverte de ciselures et de nielles, se prête si bien aux recherches de cette décoration, que nous avons admiré sans réserves cette œuvre d'un art si achevé et d'un effet si puissant.

Grenade, dernier vestige d'une race et d'une civilisation disparues, est un nom tellement significatif, il frappe si bien l'oreille comme étant le dernier écho des splendeurs des rois maures et des merveilles de leurs palais, qu'à peine arrivé, tout voyageur, oublieux des pompes de la cathédrale et des palais de Philippe II, n'a qu'un souci, qu'un désir, qu'un but, voir l'Alhambra.

Il faut monter les pentes de la colline habitée autrefois par une tribu célèbre, *los Gomeres*, pour arriver à la porte del Judicio, construite par Charles-Quint. Cet empereur a voulu effacer partout, en Espagne, les traces du passé : à Tolède, à Séville et dans bien d'autres endroits, il détruit, il rase pour reconstruire ; à Grenade, il n'a pas manqué à sa mission, et a voulu convertir l'Alhambra en un palais romain. Malgré la porte monumentale qui donne accès au bas du coteau, malgré la belle fontaine construite en son honneur, par Luiz de Mendoza, malgré le superbe palais qu'il a édifié à la place qu'occupaient une partie des salles arabes et qui, bien qu'inachevé, peut être cité comme le plus beau et le plus somptueux édifice que la Renaissance ait élevé en Espagne, l'intérêt n'est pas là ; on passe sous cette porte sans y faire attention, et l'on admire la fontaine, tout étonné de rencontrer cette œuvre charmante au pied des hautes murailles de la forteresse arabe. Quant au palais, malgré tous ses titres à l'admiration des artistes et des amateurs, bien qu'il ait eu pour architecte Alonzo Berruguette, bien que les trophées, les bas-reliefs et les médaillons de la façade aient été sculptés avec un réel talent, bien que la cour circulaire à portiques de marbre soit un magnifique morceau d'architecture, c'est un hors-d'œuvre. Ce palais n'est pas à sa place, il obstrue la vue et l'esprit, on n'est pas venu à Grenade et on ne foule pas le sol de l'Alhambra pour admirer des ordonnances romaines, des figures de héros et des statues mythologiques.

L'Alhambra est une forteresse, sorte d'acropole construite sur une colline qui domine la ville et la plaine, dernière croupe de la Sierra. Tout autour, de hautes murailles crénelées la protègent ; de distance en distance, de fortes tours carrées faisant saillie sont portées sur des substructions énormes qui descendent jusqu'au fond du ravin. Cette massive fortification, teintée de rose et d'ocre jaune, vibre et éclate au soleil, au milieu des immenses lierres qui l'assiègent et des végétations de toutes sortes qui l'accompagnent.

Par une belle route tracée au milieu d'un bois de hêtres et de platanes, que des sources abondantes rafraîchissent sans cesse, on arrive à la tour *del Judicio*, qui servait d'entrée principale à l'Alhambra. La grande porte est un des plus beaux spécimens de cet art qui nous étonne et que nous allons voir se dérouler devant nous jusqu'à ses dernières conséquences. Bâtie en 1348, par le roi Ysef-Abul-Hagiag, on lui a donné le nom de porte du Jugement ou porte de la Justice, par suite de l'habitude où sont les musulmans de rendre la justice sur le seuil de leur palais. La tour est percée d'un grand arc évidé en forme de fer à cheval, au-dessus duquel on a gravé une main et une clef, emblèmes des pouvoirs du Prophète. Au delà de cette première arcade, se trouve une seconde porte beaucoup plus basse, dont l'arc est supporté par des colonnes et de riches chapiteaux. Sous la voûte, on avait ménagé un corps de garde et, en face, une salle où le kalife, assis sur son divan, donnait audience à ses sujets.

La porte franchie, on monte par une étroite allée et l'on débouche sur une esplanade entourée de remparts que dominent les tours *Quebrada*, de *l'Hommage*, de *l'Armeria* et de *la Vela*. Cette place se nomme la *Piazza de los Algibes* (les citernes). Sous le sol, on a creusé de magnifiques réservoirs auxquels on descend par un escalier voûté ; l'eau, qui est amenée par une dérivation du Darro, s'y conserve merveilleusement. La tour de la Vela renferme la cloche qui donne aux habitants de la ville le signal de la distribution des eaux. Quelle vue splendide, quel merveilleux panorama on découvre

du haut de cette plate-forme : au pied de la muraille,
une végétation luxuriante tombe au fond du ravin,
comme dans un abîme ; la ville tout entière s'étale, avec
ses dômes, ses clochers, ses palais, ses toitures multi-
colores ; puis commence la Véga tout ensoleillée qui
s'étend jusqu'aux bandes lointaines de montagnes vei-
nées de nuances diverses. .

Après une longue contemplation pendant laquelle
l'esprit vague et plane à travers ce vaste espace, si l'on
se retourne pour reprendre pied sur terre, la délicieuse
Puerta del Vino se dresse devant nous : c'est une
espèce d'arcade voûtée à deux faces, qui donne passage
sous un bâtiment en partie détruit : ce sont les pré-
mices des merveilles qui vous attendent, on y trouve
toutes les élégances et toutes les délicatesses de la plus
fine architecture et de l'ornementation la plus recher-
chée ; d'un côté seulement, les tympans de l'arc sont
ornés de superbes faïences.

Une grande partie du plaisir qu'on éprouve à étudier
ces belles choses vient de ce qu'elles sont vraies et
telles aujourd'hui que les ont créées les artistes du roi
Al-Hamar. Aucune restauration ne leur a donné ce
mauvais aspect que nous avons reproché à l'Alcazar de
Séville ; à peine quelques consolidations indispensables
sont-elles venues combattre les effets du temps, grand
destructeur de tout ce qui lui est abandonné, mais en
même temps conservateur habile qui imprime à toute
œuvre un cachet de sincérité et de poésie. De là vient
le grand intérêt qui s'attache à l'Alhambra de Grenade ;
on y peut saisir dans son entier cet art merveilleux,
incomparable, qui s'est anéanti tout d'un coup après
être arrivé au dernier degré de son développement. On
sent de plus que ce palais a été habité par des êtres
qui ont vécu, il en porte encore la trace. On peut, sans

aucun effort, se représenter cette cour pompeuse et
efféminée, s'endormant à l'abri de ces splendeurs, dans
un fastueux repos au milieu de poètes, de chevaliers,
de tournois, de fêtes, jusqu'au jour du terrible réveil. On
peut suivre ces existences dans leurs moindres détails,
non seulement assister aux solennités de la vie officielle
dans la magnifique salle des Ambassadeurs, aux fêtes
qui avaient lieu dans la salle des *Abencerrages* ou dans
celle des *Deux Sœurs*, mais encore pénétrer dans les
détails les plus intimes de la vie en visitant le délicieux
Tocador ou cabinet de toilette de la reine, et les *Bains
de la Sultane* où les belles favorites venaient se reposer
en écoutant les musiciens et les chanteurs placés dans
des tribunes grillées.

L'Alhambra est un rêve réalisé, un palais de fée
enchanteresse; on y savoure des impressions délicieuses,
des étonnements extraordinaires; on y subit un charme
indicible, les yeux sont éblouis; aussi ces merveilles
ont-elles été chantées sur tous les rythmes de la poésie
arabe. Des auteurs plus modernes en ont fait des des-
criptions fantastiques et, dans un style éblouissant
comme la basquine d'une sultane, en ont détaillé toutes
les merveilles; nous nous contenterons d'un simple
aperçu, laissant à la raison artistique le soin de nous
guider dans notre visite et d'en tirer quelques conséquences.

Le palais de l'Alhambra fut commencé pour le roi
Al-Hamar en 1270 et achevé un siècle après, en 1385.
Les arts, trop raffinés, trop recherchés, avaient perdu à
cette époque leur grandeur et leur simplicité; trois
siècles s'étaient écoulés depuis le règne fameux du
kalife Abd-er-Rahman III, aussi tout est à l'Alhambra
d'une coquetterie et d'une grâce inimitable, mais la
première impression qui frappe est celle de l'exiguïté.

Cependant tout cela a tant de charme, les proportions en sont si heureuses, qu'on ne s'aperçoit bientôt plus de ce manque de grandeur.

On entre dans l'Alhambra par une petite porte qui donne dans la cour des myrtes ou Patio de los Arrayanas, on la nommait aussi le Bain des femmes. Un grand bassin de marbre de forme allongée est bordé de chaque côté par des plates-bandes de myrtes et d'arbustes ; aux deux extrémités, deux élégants portiques abritent des fontaines à jets d'eau et donnent accès dans les appartements. Il est bien certain qu'autrefois on ne pénétrait pas ainsi dans cette charmante piscine où les femmes du palais auraient pu être surprises ; il fallait d'abord franchir bien des portes soigneusement gardées. Mais rappelons-nous que Charles-Quint fit abattre presque la moitié des bâtiments de l'ancien Alhambra pour construire son palais. Il fallait cependant passer par là pour entrer dans la salle des Ambassadeurs, une des plus grandes et la plus richement décorée qui soit à l'Alhambra ; elle tient tout l'intérieur de la tour de *Comares* : la pureté des arcades, la variété des arabesques, les admirables mosaïques de faïences vernissées qui couvrent les murailles, la voûte fouillée comme une grotte recouverte de stalactites peintes d'azur, de vert, de rouge et d'or, forment un ensemble admirable, splendide, harmonieux, mais qu'il est impossible de décrire d'une façon précise, car l'effet général n'est obtenu que par la juxtaposition de mille détails répétés à l'infini.

La fameuse *Cour des Lions* est digne en tous points de sa célébrité ; c'est un véritable patio entouré de portiques de marbre ; sur les deux faces les moins longues, des pavillons portés sur de fines arcades font une saillie qui ajoute encore à l'élégance de l'ensemble. Au

milieu, la célèbre fontaine, *la Taza de los Leones*, qui
jouit dans les poésies arabes d'une réputation si merveilleuse, se dresse entourée de ses douze monstres.
Qui ne connaît cette gracieuse œuvre d'art et ne sait
que ces fameux lions ne sont que d'informes chimères ;
la forme et le profil des vasques sont peut-être un peu
lourds, mais il faut avoir vu un rayon de soleil tomber
obliquement sur ces marbres pour se faire une idée des
colorations magiques qu'ils arrivent à prendre. Ils ont
une teinte si chaude, si transparente et si empourprée
de lumière, qu'on les croirait pénétrés de chaleur au
point d'y faire circuler la vie.

Quatre belles salles avaient leur entrée sous les
portiques de la cour des Lions, il n'en reste plus que
trois aujourd'hui : la salle du Tribunal au fond, la salle
des Deux Sœurs et celle des Abencerrages ; la quatrième a été enlevée par les constructions de Charles-
Quint. Dans tout cela il y a des merveilles si nombreuses
et des surprises si multipliées qu'elles défient toute
description. Il faut suivre plusieurs corridors et monter
un escalier pour arriver au *Tocador*, situé en haut d'une
tour ; ce délicieux réduit, d'où l'on jouit d'un admirable
panorama, est décoré des fresques tout italiennes que
Bartolomeo de Bages y peignit en 1640.

Nous ne chercherons donc pas à décrire ces fouillis
de voûtes, d'arcades, de colonnes, d'ornements et d'arabesques de toute sorte, ne pouvant en donner une idée
à peu près exacte à ceux qui n'ont pas vu l'Alhambra ;
mais nous noterons, pour éviter de fâcheuses illusions,
que, sauf les colonnes et les fontaines qui sont en
marbre, toute cette ornementation féerique est en stuc
moulé, appliqué par parties sur une construction en
briques. Du reste, le caractère de cette architecture a
été parfaitement défini par notre distingué confrère Paul

Sédille, dans une conférence faite à la Société Centrale, à la suite d'un voyage en Espagne : « Cet art est l'étonnement des yeux, dit-il, il veut encore plus confondre l'imagination que la charmer ; il y réussit par la multiplicité, la profusion, la variété d'une richesse dont les sources semblent inépuisables, mais cet excès même est sa faiblesse. A part la salle des Ambassadeurs, qui est la partie la plus ancienne du palais, tout dans l'Alhambra est petit, délicat, efféminé..... mais on ne saurait lui reprocher une faute de goût, une erreur de proportions, un manque d'harmonie. Cette perfection semble supprimer la part du sentiment dans les créations de cet art déjà vieux ; on est disposé à y voir les signes d'une soumission absolue à des lois géométriques parfaitement définies et à des formules certaines. Du reste, cet art semble vouloir étonner la pensée par le surnaturel et violenter la raison par l'impossible, mais il se garde bien d'être vrai dans l'acception architecturale du mot et d'accuser ses éléments de construction, car toute la structure disparaît sous la richesse du vêtement. »

Au delà du palais, l'enceinte fortifiée de l'Alhambra se continue, comme nous l'avons dit, tout autour du plateau ; elle comprend dans son périmètre des habitations, des jardins et une église paroissiale, Santa Maria, qui a été élevée au xviii⁰ siècle sur les ruines de l'ancienne mosquée. On a fait sauter à la mine certaines portions du rempart, d'autres ont été démolies, mais la plus grande partie subsiste encore admirablement conservée, entre autres la *Tour de la Captive* ou de *la Infanta* et celle de *los Picos*, ainsi nommée de la forme aiguë de ses créneaux. Elles sont toutes deux remarquables par l'élégante disposition des appartements qu'elles renferment, la richesse et la délicatesse des ornements dont elles sont couvertes.

Le Generalif joint au charme de l'Alhambra toutes
les séductions d'un magnifique jardin. Situé à peu de
distance, sur le versant d'une autre colline, il domine
toute la vallée du Darro ; à travers quelques vieux
cyprès on aperçoit nettement la configuration entière
de la grande forteresse, avec ses murailles rougeâtres
qui montent ou descendent suivant les ondulations de
la montagne. Le Generalif n'est qu'une villa de plai-
sance. Deux ou trois jolies salles, ouvrant sur la vallée
par de larges arcades, sont réunies à un pavillon d'entrée par des galeries-portiques ; un long bassin de
marbre va de l'un à l'autre des deux bâtiments.

Ce casino ou loggia, comme on dirait en Italie, était
parfaitement disposé pour servir une royale collation
après une promenade, mais peu propre à une habitation
continue ; les galeries et les salles sont ornées avec le
même luxe et la même délicatesse que les plus belles
parties de l'Alhambra. Ce ravissant bijou a été vendu
par le gouvernement espagnol ; il est aujourd'hui la
propriété de la famille Palavicini, de Gênes ; aussi
faut-il s'adresser au consulat d'Italie pour s'en faire
ouvrir les portes. Cette visite n'est pas sans compensa-
tion, car, dans le cabinet du consul, on peut voir, soigneusement enfermée dans un écrin de velours vert, la
belle épée du roi Boabdil, une des pièces les plus
remarquables de l'orfèvrerie arabe, décrite et dessinée
par le baron Davillier, le célèbre collectionneur. Comment se trouve-t-elle là ? Mystère.

Une promenade au quartier de l'Albaycïn fait brusquement quitter le pays des rêves pour tomber dans la
réalité la plus vivante, la plus bruyante et la plus
encombrante. Cette portion de la ville peut se diviser
en deux fractions : l'une, qui fait partie de la vieille
ville de Grenade, bien qu'elle n'en soit séparée que par

le ravin du Darro, participe à son caractère général ; l'autre, qui est plus éloignée, se compose d'une série de rues et de masures établies dans des espèces de caves creusées dans la montagne, au milieu d'une étonnante végétation de lentisques et d'agavés. A peine a-t-on pénétré, à travers ces ruches bizarres, qu'il en sort une nuée de femmes et d'enfants à demi nus, au teint cuivré, au regard étincelant. Ces gitanos, un peu sauvages, chantent, dansent, s'agitent autour de vous, dans le seul but de vous tirer quelque argent de la poche. Malheur à vous, si, dès le début, vous vous montrez généreux : ces bras vous enlacent, ces mains vous accrochent, vous êtes envahi, et vous vous estimez heureux de pouvoir sortir de cet enfer. Si vous ne donnez rien, vous êtes injurié de la belle manière, mais dans une langue tellement barbare, avec des gestes tellement menaçants, qu'il faut être accompagné par des familiers de l'endroit pour ne pas être dévoré ou déchiré sur place. Les hommes sont absents, ou travaillent quelque part.

CHAPITRE IX

CORDOUE

Le Pont et la Porte de la Ville. — L'Archange Raphael. — La Ville. — La Grande Mosquée. — La Cathédrale. — Le Mirah. — Les Anciennes Portes.

En une bonne journée de chemin de fer, on va de Grenade à Cordoue. Il faut traverser à nouveau la luxuriante Vega et les pittoresques sierras pour arriver à Bobadilla, point de bifurcation des lignes de Portugal et d'Andalousie ; de là, jusqu'à Cordoue, le pays est plat, bien cultivé, mais peu intéressant, et la route ne passe par aucune ville importante. Si nous pouvions faire abstraction des chemins de fer et de leurs abominables gares et supposer que nous arrivions à Cordoue par la route de Séville, dans quelque très médiocre véhicule, comme de véritables Andalous, nous verrions alors Cordoue assise dans une plaine, sur la rive opposée du Guadalquivir, assez large en cet endroit. On y entre en passant sur un pont de belle apparence, défendu par une ancienne grande tour crénelée entourée de fortifications plus modernes ; cette forteresse se

nomme la Carrahola ; le pont aboutit à une porte majes-
tueuse ; son ordonnance architectonique lui donne l'aspect d'un arc de triomphe romain ; mais il est difficile
de faire remonter si haut son origine. Tout à côté
s'élève la colonne de l'archange Raphael, patron de la
ville. Il est impossible de rêver un monument plus
baroque et un assemblage plus bizarre ; notre esprit se
refuse à admirer ces fantaisies qui faisaient la joie des
Andalous du xviii° siècle ; la colonne corinthienne
qui porte sur son chapiteau la statue de l'archange
repose sur un énorme soubassement formé par des
rochers factices, à travers lesquels on a sculpté un cheval, un palmier, un lion et un monstre marin.

Au delà de la porte et du terre-plein, sur lequel est
placée la colonne, s'élève la mosquée-cathédrale, avec
ses hautes murailles peintes en jaune, et la tour élégante qui lui sert de campanile. L'archevêché est à côté ;
on y entre par un portail gothique qu'on remarquerait
partout ailleurs, mais qui disparaît en face du monument grandiose des kalifes. Les restes de l'ancien Alcazar, composé de quelques fortifications et de jolis jardins en terrasse, dominent aussi le fleuve.

Cordoue est une ville morte qui a perdu toute espèce
de caractère ; rien ne vient animer la tristesse répandue
dans les anciens quartiers, si ce n'est le bruit infernal
que produit de temps à autre le passage d'une voiture
roulant sur un sol aussi mouvementé que les vagues
d'une mer agitée et pavé de gros cailloux mal ajustés.
A l'extrémité de la ville, du côté opposé au Guadalquivir, il y a une grande place qu'on décore du nom de
Plaza de Toros ; on y construit un cirque en planches
et en toile lorsque quelque quadrilla vient visiter le
pays. En dehors de ces rares moments la place des
Taureaux sert de promenade aux élégants de la ville ;

CORDOUE

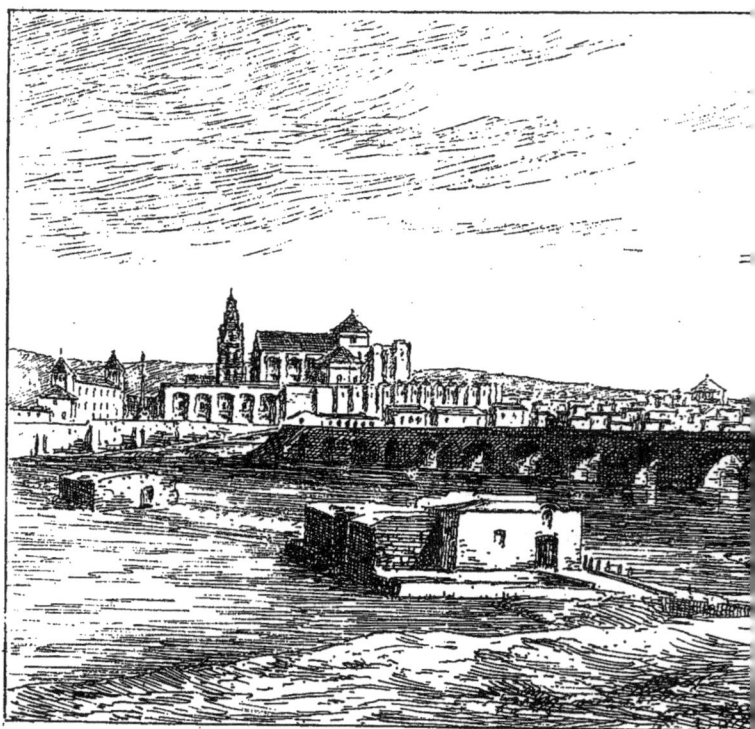

LA MOSQUÉE ET LE PONT DU GU

mais tout cela paraît bien pâle et bien terne quand on a vu Séville, la cité brillante par excellence.

Pour se rendre compte de l'ancienne splendeur de Cordoue il faut, par un effort d'imagination, se reporter au grand siècle du kalifat d'Espagne, au moment où Cordoue était la florissante capitale des Ommiades, et se diriger vers la mosquée, le seul édifice de cette belle époque qui soit parvenu jusqu'à nous. Abd-er-Rahman Ier fut le premier fondateur de ce temple célèbre ; les kalifes de Cordoue avaient voulu en faire un édifice sacré à l'égal de celui de la Mecque, afin d'attirer vers eux l'influence et les richesses provenant des pèlerinages religieux. Les travaux continuèrent sous le règne de Hescham Ier, fils du précédent, qui consacra aux embellissements de la mosquée tout le butin qu'il avait recueilli dans ses courses en Espagne et dans le midi de la France. Avec Abd-er-Rahman III nous arrivons à l'époque la plus brillante de la domination arabe (912-961). Il fut le protecteur le plus zélé et le plus éclairé des lettres et des arts, et nous devons lui faire honneur des plus beaux témoignages qui en soient parvenus jusqu'à nous. Vers l'an 1034, le puissant kalifat était déjà démembré, et, en 1236, Ferdinand III, roi de Castille, s'emparait de Cordoue. On peut, à bon droit, être étonné quand on compare la perfection que les arts avaient atteinte au service de cette civilisation et de cette religion toute nouvelle, avec le degré d'appauvrissement où ils se trouvaient réduits dans tout le reste de l'Europe.

Nous voici donc en présence des hautes murailles couronnées de créneaux triangulaires qui enveloppent la mosquée et défendaient la majesté du lieu contre toute profanation extérieure. En franchissant la grande porte *del Puerdon* nous nous trouvons dans une vaste cour ombragée d'orangers et de citronniers énormes couverts de fruits ; quelques vieux cyprès s'élèvent comme d'antiques pyramides, et des palmiers balancent dans les airs leurs gracieux panaches. Deux belles vasques et des eaux jaillissantes entretiennent sous ces ombrages une délicieuse fraîcheur. Sur trois côtés, la cour des *Narrangeros* est entourée de portiques à arcades, le quatrième est occupé par la mosquée. De jeunes femmes viennent continuellement puiser aux fontaines l'eau, qu'elles emportent dans des *alcarazas* posés gracieusement sur la hanche. Des vieux de toutes les espèces, femmes ou hommes, habitent les galeries, cherchant l'ombre ou le soleil, selon la saison ; quelques-uns semblent goûter les douceurs d'un immuable *far niente* ; d'autres, et c'est le plus grand nombre, laissent passer la misère, roulés dans des guenilles sordides ; hideux, ils étalent les plaies les plus immondes et poursuivent le malheureux étranger avec des regards de vautour et des paroles d'invective qui grondent entre leurs dents. Si vous osez lever les yeux et vous arrêter dans votre fuite, vous avez généralement devant vous un type superbe de vieille canaille, auquel il ne manque qu'un tromblon ou une escopette pour être complet ; les femmes sont simplement répugnantes.

On entre dans la mosquée par deux portes donnant dans ce grand patio. Quand nous pénétrâmes dans cet antique sanctuaire de l'islamisme, l'impression qui nous saisit fut encore augmentée par des harmonies et des chants lointains, venus des profondeurs de l'édifice et vibrant sous ces innombrables voûtes, sans qu'il nous fût possible de déterminer quelle en était l'origine. Au milieu de ces quinconces de colonnes reliées entre elles par deux étages d'arcs en pierre à jour et superposés, l'œil se trouble, les perspectives s'enchevêtrent,

les limites se perdent dans une religieuse obscurité.
Trente-six travées d'un côté, dix-neuf de l'autre, entre-
croisent leurs nefs dans toutes les directions. Ces
espèces d'allées, bordées de colonnes, sont terminées
par des chapelles richement décorées et fermées par
des grilles dorées. Des chants, accompagnés des sons-
puissants de l'orgue, semblaient venir du centre de
l'édifice ; et quelle fut notre surprise en découvrant, au
milieu de cette forêt de marbre, une grande cathédrale
gothique perdue dans cette immensité ! C'est une masse
énorme enfoncée au centre de la mosquée, qui en
elle-même serait digne de toute admiration. Il a fallu
abattre soixante-trois colonnes pour lui faire place ; sa
nef, dont les voûtes sont élevées à des hauteurs énormes
sur de hauts piliers, est garnie de rangées de stalles en
bois sculpté du plus beau travail ; le centre est occupé
par un gigantesque lutrin chargé de livres volumineux,
enrichis de peintures et reliés magnifiquement avec
des fermoirs superbes ; vis-à-vis, se dresse le maitre-
autel, surmonté d'un retable merveilleux ; il est séparé
du chœur par une grille en fer doré d'une richesse
inouïe. Cette église est l'œuvre d'un certain Hermann
Luiz, et la gloire, si c'en est une d'avoir ainsi effondré
la mosquée, appartient au Chapitre. Les chanoines
obtinrent, en effet, de Charles-Quint, en 1523, avant
qu'il ne fût venu à Cordoue, l'autorisation de construire
cette cathédrale ; mais, quelques années plus tard,
l'empereur jugeait lui-même sévèrement cette profanation architecturale. « Vous avez mis, leur disait-il, ce
qui se voit partout à la place de ce qui ne se voyait
nulle part. » Dès l'année 1236, le roi Ferdinand avait
transformé la mosquée en église chrétienne, lui avait
fait subir les premières modifications, et l'avait dédiée
à l'Assomption de la Vierge.

Ainsi la mosquée enveloppe de tous côtés la cathédrale et la fait disparaître dans son immensité. Le monument primitif attire tout l'intérêt ; mais si les plafonds en bois de mélèze, avec leurs magnificences orientales, n'ont pu être conservés jusqu'à nous et ont été remplacés par d'assez médiocres voûtes, si le dallage de marbre a dû faire place à un très ordinaire pavé de briques, il nous reste le *Mirah* et la *Capilla de los Reyes*, deux chefs-d'œuvre, deux trésors qui font oublier tout le reste. La *Capilla de los Reyes Moros*, où les kalifes faisaient leurs prières à l'abri des regards curieux de la foule, vient d'être réparée, c'est-à-dire qu'on lui à enlevé l'affreux manteau de chaux que les siècles avaient accumulé sur les délicates colorations et les stucs merveilleux qui ornent les voûtes et la coupole.

Le *Mirah* ou *Mihrab* est le saint des saints, l'endroit sacré où était déposé le texte authentique du Coran, écrit par Mahomet. C'est vers ce point vénéré que tout bon musulman devait se tourner pour faire sa prière ; il est situé à l'une des extrémités d'une des principales nefs ; elle ouvrait sur la cour des orangers, en face la porte du Pardon. Le Livre était déposé sur un socle de bois d'aloès, au fond du Mirah, dans une niche d'environ trois mètres de diamètre, surmontée d'une voûte creusée en conque dans un seul bloc de marbre. Les pèlerins qui étaient admis dans ce lieu redoutable devaient faire à genoux sept fois le tour du piédestal, et les dalles de marbre portent les traces de ces dévotions répétées. Ce sanctuaire est précédé d'une enceinte réservée où toutes les splendeurs du bel art des Arabes ont été amoncelées. La *Maksourah*, tel est son nom, est un espace carré dont trois côtés sont occupés par des entre-colonnements superposés, réunis par de riches arcades festonnées en plusieurs lobes, qui

LA MOSQUÉE. — LE MIH

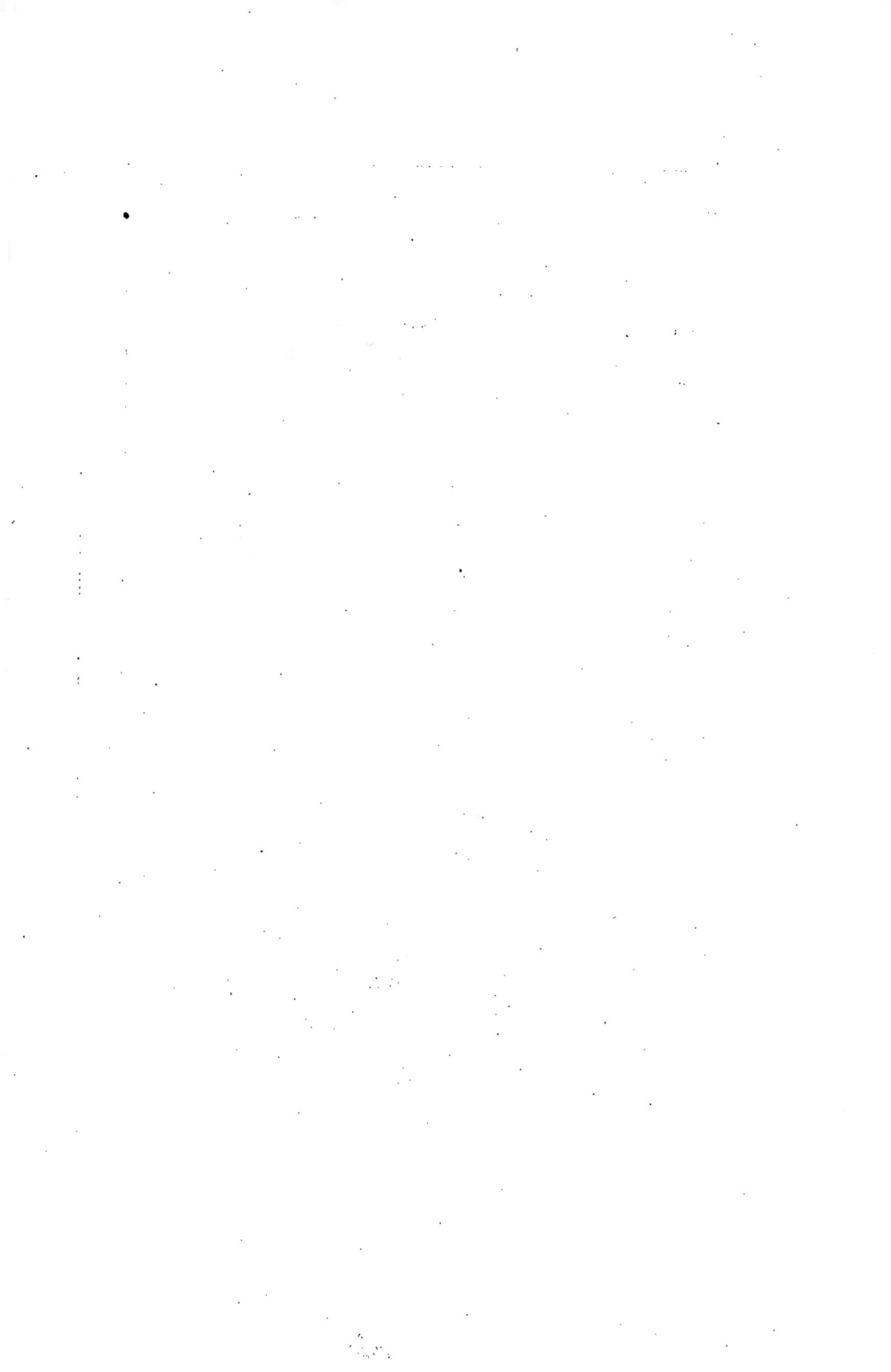

s'entre-croisent les unes au-dessus des autres. Cet
étourdissant réseau de rubans couverts de mosaïques
d'or et des nielles les plus délicats supporte une coupole
octogonale, complètement revêtue de mosaïques de
couleurs sur fond d'or ; les nervures de la voûte se
pénètrent entre elles et retombent sur des séries de
colonnettes en marbres précieux. Le mur plein, dans
lequel s'ouvre le Mirah, occupe la quatrième face de ce
vestibule sacré ; il est revêtu tout entier de mosaïques merveilleuses, d'une finesse extrême, d'un goût
parfait et d'une richesse éblouissante. Autour de la
niche sainte, s'étale un grand arc composé de claveaux
rouges et noirs, ornés d'arabesques d'or variées à l'infini ; de grandes inscriptions, en lettres arabes noires sur
fond or, l'enveloppent de tous côtés ; une multitude
d'autres ornements du dessin le plus élégant courent
dans de grandes frises et couronnent cet ensemble plus
étonnant, plus sérieusement beau, plus harmonieux
dans ses colorations, plus pur dans ses lignes que ce
qui a jamais été fait à Rome, à Venise ou à Ravenne.
Il est impossible de décrire et de rendre la souveraine
beauté de ce joyau architectural où les formes les plus
pures, les lignes les plus hardies et les plus harmo-
nieuses, toute la richesse que le génie oriental a pu
jamais imaginer, se trouvent réunies pour exprimer la
même pensée. La mosquée de Cordoue est l'un des
monuments les plus étonnants du monde, non seulement à cause de la vaste étendue de ses proportions et
de la quantité de richesses qu'il renferme, mais surtout
parce qu'il est le type le plus puissant d'un art qui s'est
élevé jusqu'au sublime.

   Des portes latérales sont ouvertes sur les côtés de
la mosquée ; il y en a deux ou trois dans la rue del
Palacio, vis-à-vis de l'archevêché, et six du côté opposé.

Celles-ci donnént sur une espèce de terrasse-trottoir en
contre-haut d'une petite rue dont le pavage est tellement bouleversé, rempli de trous et d'ornières, qu'il est
absolument impraticable. C'est un véritable monument
archéologique. Les portes correspondent aux axes des
travées intérieures, elles sont séparées par de gros
contreforts en forme de piliers massifs crénelés comme
le reste de la grande muraille d'enceinte. La décoration
extérieure de ces ouvertures est particulièrement remarquable. Un grand arc mauresque à claveaux alternative-
ment peints et niellés sert de décharge et circonscrit un
espace mosaïqué de noir sur fond blanc, il est accompagné de cadres ornés de sculptures ou d'inscriptions
en caractères arabes ; de chaque côté, on a ménagé des
niches ou des ouvertures géminées dont les fines
arcades retombent sur des colonnettes de marbre antique.
Tout est dans un état de conservation relativement parfait, et sauf quelques percements nécessités par les
besoins de l'intérieur et maladroitement exécutés, cette
façade, ainsi prolongée sur tout un côté de la mosquée,
est un superbe spécimen très complet et très curieux de
la belle époque de l'architecture arabe.

Comme dans tous les arts, la pureté de la forme, la
simplicité dans la conception, la franchise dans l'exécution, sont la caractéristique du point le plus élevé
qu'aient atteint les architectes musulmans. La mosquée
de Cordoue peut être comparée à quelques grands édifices d'un autre âge, tels que la cathédrale de Cologne
ou Saint-Pierre de Rome, qui par leur destination, leur
grandeur, leur majesté, ont fixé les règles d'un art
arrivé au plus grand développement de toutes ses per-
fections. Tout ce que le génie d'une race a pu inventer
de plus beau, de plus noble, a été employé à la construction et à l'embellissement de ces temples fameux ;

tout et tous ont concouru à en faire des œuvres maî-
tresses, dont le grand caractère est l'unité ; au delà,
chaque progrès a marqué un pas vers la décadence.
L'art des Arabes n'a pas échappé à cette loi ; nous le
trouvons à Cordoue au x⁰ siècle, dans sa plénitude,
comme le gothique au xiiiᵉ, comme la Renaissance
au xviᵉ ; puis en voulant progresser, il dévie de sa raison première, veut charmer, étonner, mais déchoit et
nous l'avons trouvé à Grenade aussi flamboyant, aussi
follement élégant et recherché, que notre gothique
du xvᵉ, mais comme lui énervé et mourant.

CHAPITRE X

BURGOS — LES PAYS BASQUES

L'Escurial. — Le Coffre du Cid. — La Porte de Diego Porcello. — La
Maison du Cordon. — L'Église Saint-Nicolas. — La Cathédrale. — La
Chapelle du Connétable. — La Chartreuse de Miraflores. — Saint-
Sébastien. — Passages. — Hernani. — Les Vêpres de la Toussaint. —
Fontarabie.

Le chemin de fer du Nord traverse au départ de
Madrid un pays couvert de rochers abrupts, parsemé de
blocs de grès, et arrive en deux heures au village de
l'Escurial. Le château, immense construction, située au
milieu d'un parc triste d'aspect, est un énorme bâtiment
carré, lourd, percé d'une innombrable quantité de
fenêtres. Commencé par Philippe II, en 1565, il fut
placé sous l'invocation de saint Laurent, en exécution
d'un vœu fait par le roi, à la bataille de Saint-Quentin.
Philippe III acheva l'œuvre de son prédécesseur. La
route passe plus loin devant Lerida, très remarquable
et très ancienne ville qui conserve encore intacte son
enceinte de murailles flanquée de tours crénelées.

Notre premier soin en arrivant à Burgos, capitale
de la Vieille-Castille, fut de demander du feu, car nous

étions, glacés par une forte bise du nord; on nous apporta deux immenses braseros, magnifiques bassins de cuivre repoussé, pleins de cendres et de charbon, qui nous brûlaient la figure, tandis que nous avions le dos gelé; de plus, il s'en dégageait une odeur insupportable. Or nous étions dans une grande ville, et l'une des plus froides de l'Espagne; en hiver, les vents qui soufflent du côté des Pyrénées font fréquemment descendre le thermomètre à 10 et 15 degrés au-dessous de zéro.

Burgos est une ville fort ancienne; en 884, Diego Porcello l'entoura d'une enceinte fortifiée. Au x⁰ siècle, Fernand Gonzalès, le grand comte, réunit tout le pays en un comté libre, il y fut brillamment aidé par Rodrigo Diaz de Villars, le fameux Cid Campeador. Un pilier de pierre marque l'emplacement de la maison de cet illustre capitaine. Dans une des salles annexes de la cathédrale, on montre, suspendu à la muraille, un coffre de bois bardé de fer de tous côtés et fermé par une prodigieuse serrure : c'était le coffre du Cid. Ce grand homme n'avait pas toujours la poche bien garnie, et un jour qu'il devait se mettre en campagne, n'ayant pas de quoi payer l'équipement de ses chevaliers, il fit remplir ce coffre de sable et de pierres et le fit offrir aux Juifs de la ville en nantissement d'un prêt de trois cents marks d'or. Les bons Juifs de ce temps, plus confiants que les financiers d'aujourd'hui, prêtèrent la somme demandée sans faire ouvrir le coffre, s'en rapportant à la parole du Cid. Il prit Valence, et l'immense butin qu'il en rapporta lui permit facilement de dégager son coffre et sa parole.

On entre à Burgos par une admirable porte, située à l'extrémité du pont jeté sur l'Arlanzon, rivière assez large, qui sépare le faubourg de la ville. Après la bataille de Villalar, perdue par les Communieros contre Charles-Quint, les bourgeois de Burgos, pour apaiser le courroux de l'empereur, firent ériger en son honneur cette porte triomphale. Elle figure une espèce de forteresse à deux étages, appuyée de chaque côté par deux tours ; la porte supérieure est crénelée et ornée de quatre tourelles en encorbellement, les deux tours moins élevées donnent une puissante assiette au monument. La façade représente, au-dessus d'une porte voûtée assez basse, une sorte de retable surmonté d'une galerie ; on y voit d'abord Diego Porcello entre les deux juges de Castille ; puis Charles-Quint, ayant à droite Fernand Gonzalès, et à gauche, le Cid, sa bonne épée à la main. Plus haut, sous un arc jeté entre deux tourelles, l'Ange exterminateur se tient debout dans une corniche, et plus haut 'encore, la sainte Vierge, l'Enfant Jésus dans les bras, domine princes et rois, abritée sous un petit édicule à fronton qui couronne l'édifice. Ce monument, appelé la Porte Sainte-Marie, est d'un puissant effet, l'architecture est sobre et imposante et la statuaire pleine de force et d'énergie.

La ville peut se diviser en deux parties : la ville haute, pleine de ruines et de masures, et la ville basse, bien habitée et bien peuplée. La place principale, au milieu de laquelle s'élève une statue de Charles III, est environnée de maisons en briques de formes variées dont les façades sont portées sur des piliers de granit ; cette galerie fait le tour de la place et abrite une quantité d'industries diverses. Le palais du Connétable, situé tout auprès, est un très joli édifice du xvᵉ siècle, dont la cour est entourée de deux étages de charmants portiques à colonnade ; on la nomme également la Maison du Cordon, parce qu'elle est ornée de tous côtés de cordelières qui s'enroulent en boucles et en nœuds de toute sorte.

PORTE SAINTE-MARIE.

Entre la partie haute et la partie basse de la ville, au point où le sol se relève, les rues ont été tracées à des niveaux différents, et communiquent entre elles par des escaliers et des rampes. Au milieu d'une petite place plantée d'arbres, l'eau jaillit d'une charmante fontaine décorée de la statue de la sainte Vierge, portée par quatre enfants à cheval sur des dauphins ; ce motif est gracieux et plein d'élégance. De la place, une large rampe monte à l'église Saint-Nicolas, dont la haute tour, le vieux portail et le perron ont un délicieux parfum Moyen-Age. On se croirait à Pérouse ou bien à Assise, mais il manque à Burgos ce que l'on rencontre toujours sur les places des petites villes de l'Ombrie, c'est-à-dire le coin délicat, la finesse qui révèle l'artiste et l'art de la primitive Renaissance. La porte de l'église Saint-Nicolas est de style gothique flamboyant et prodigieusement sculptée : à l'intérieur, le retable du maître-autel est en pierre, chose rare, et tellement fouillé, tellement doré, qu'il pourrait passer pour une véritable folie si le style platéresque ne nous avait habitués à toutes les exagérations. Du parvis de l'église part une rue qui longe à la hauteur du premier étage un côté de la cathédrale ; elle est bordée par de nombreuses et anciennes maisons de chanoines, dont les portes cintrées, les grands écussons accostés d'emblèmes, les croisées ogivales, les galeries délicates et les corniches saillantes sont encore parfaitement conservés.

La cathédrale a été construite avec une pierre qui a pris sous les ardeurs du soleil une teinte de bistre et d'or ; sous cette belle couleur s'étale une architecture gothique, enrichie de statues, de clochetons, de dais, de tout ce que le génie de l'époque a pu inventer de plus décoratif. La chapelle du Connétable, véritable église, fait corps avec la cathédrale, complète l'ensemble et ajoute encore, par la merveilleuse effervescence de son style et la finesse de ses détails, à l'aspect véritablement aérien et féerique de l'édifice ; elle est surmontée d'une haute et magnifique tour octogonale à deux étages portant une couronne de clochetons dentelés. La façade principale de la cathédrale, percée de trois grandes portes ogivales, a été très maladroitement restaurée ; au-dessus, deux immenses tours séparées par une galerie à jour élancent leurs clochers de dentelle à une hauteur prodigieuse.

La cathédrale, commencée au XIIIe siècle, a été terminée en 1536 ; elle offre un mélange un peu bizarre de différents styles ; elle réunit la sobriété, la sévérité, la lourdeur du gothique allemand à la rectitude, à la finesse et à l'élégance de l'architecture anglaise. L'entrée la plus fréquentée est une porte latérale qui se trouve à côté du palais épiscopal ; on y monte par un grand escalier droit qui aboutit à un large palier. A droite et à gauche, deux grandes niches luxueusement décorées servent à abriter des tombeaux ; entre elles le portail est paré de toutes les richesses de la plus éblouissante Renaissance : niches, statues, colonnes ornées, bas-reliefs, frises sculptées, rien n'y manque, loin de là ; mais toutes ces sculptures, quelque délicates qu'elles soient, fatiguent par leur multiplicité et font perdre le sentiment de la véritable forme. La porte qui conduit au cloître est une merveille de détails et d'exécution ; les vantaux, en chêne sculpté, représentent l'entrée de Notre-Seigneur à Jérusalem, il est entouré de figurines et d'ornements d'un style large et nerveux. Le chœur est fermé, ainsi que les chapelles latérales, par de superbes grilles à grands barreaux comme nous en avons déjà vu dans plusieurs autres églises. Les stalles des chanoines sont

comme toujours d'une richesse extrême. Les grandes
voûtes ogivales, chargées d'ornements, de clefs de pen-
dentifs, retombent sur d'énormes piliers. Les chapelles
placées de chaque côté de la nef principale sont grandes
comme de véritables églises ; quelques-unes, et celle
de Sainte-Thècle en particulier, ne présentent plus qu'un
amoncellement d'ornements bizarres, riches et de mauvais goût. On y voit des colonnes torses enroulées de
pampres, des volutes, des collerettes de chérubins
cravatés d'ailes, des bouillons de nuages, des flammes
de cassolette en coup de vent, des rayons ouverts en
éventail, et tout cela est encore rehaussé de dorures et
de colorations tellement violentes qu'elles seraient
capables de faire crier un aveugle. Au milieu de ces
extravagances, la dernière chapelle située près du grand
portail de l'église est un véritable lieu de repos, on est
tout étonné d'y trouver une décoration d'un goût sobre
et pur ; au milieu du pavage s'élève un beau sarco-
phage sur lequel est étendu dans ses vêtements sacerdotaux le chanoine mitré qui en fut le fondateur ; des
boiseries sculptées garnissent les murailles jusqu'à une
certaine hauteur, le reste est tendu d'un vieux damas
rouge brodé. L'autel est orné d'un magnifique tableau
qui pourrait presque passer pour avoir été peint par
Sébastien del Piombo d'après un carton de Michel-
Ange.

La chapelle du Connétable est sans contredit la partie la plus remarquable de la cathédrale. Les tombeaux
de don Pedro Fernandez Velasco, connétable de Castille, et de Jeanne de Navarre, sa femme, en occupent le
centre. On y a gravé l'inscription suivante : « Ci-gît
très illustre seigneur Fernandez de Velasco, connétable
de Castille, vice-roi de ce pays, mort à l'âge de soixante-
six ans, en 1492, et, avec lui, sa très illustre dame,

dona Mencia, comtesse de Haro, morte à soixante-dix-
neuf ans, en l'an de J.-C. 1500. » L'homme est couché
dans son armure de guerre, enrichie d'arabesques ; la
femme est vêtue de brocart ; la souplesse des étoffes et
la finesse des ornements sont merveilleusement rendues.
Le socle de ce double mausolée est un immense bloc
de marbre rouge. Autour de la chapelle, des blasons
gigantesques décorent les murailles, et le maître-autel
est surmonté d'un grand retable qui représente la Circoncision de Notre-Seigneur. En outre, on a ménagé
deux petites chapelles dédiées spécialement, l'une à la
comtesse, l'autre au connétable ; dans cette dernière, on
nous montre, parmi les statuettes qui la décorent, le
fameux *Saint Jérôme*, en bois sculpté et coloré, tant
de fois reproduit : c'est une merveille de finesse et de
sentiment. Dans la sacristie spéciale, on conserve de
beaux ornements en argent repoussé, un ravissant trip-
tyque d'ivoire sculpté, aux armes de Castille ; une sta-
tuette de la sainte Vierge, en argent, devant laquelle le
connétable faisait ses prières, et une *Sainte Madeleine*,
chef-d'œuvre de petite dimension peint par Léonard de
Vinci.

Sous les galeries du cloître, s'ouvrent les deux
sacristies qui desservent la cathédrale ; dans la petite, il
y a quelques beaux tableaux : entre autres, un *Christ*
de Murillo ; la grande est ornée d'une frise qui représente la série complète des évêques de Burgos. La salle
du Chapitre n'a rien de remarquable, si ce n'est son
plafond caissonné, et, à côté, la salle de Jean Cuchiller
sert de dépôt à de remarquables tapisseries et à quelques objets précieux, entre autres le célèbre coffre du
Cid, dont nous avons parlé tout à l'heure. Le cloître
est environné de galeries à deux étages. Au rez-de-
chaussée, elles sont occupées par des tombeaux de toute

sorte ; quelques-uns sont enfoncés dans des niches prises dans l'épaisseur des murs et fermées par des grilles à mailles réticulées, ils sont ornés de blasons et de sculptures délicates ; au-dessus reposent les statues des chevaliers, des chanoines ou des évêques, en costumes de gala. Ces grillages donnent aux tombeaux un air de mystère et de recueillement qui s'allie parfaitement à la silencieuse beauté du Campo-Santo.

Les cathédrales de Séville, Tolède et Burgos passent pour être les principaux monuments chrétiens de l'Espagne ; il serait difficile d'établir entre eux un parallèle sérieux ; ils sont cependant bien de la même famille et découlent tous les trois du même art. A Tolède et à Burgos, l'église est encastrée dans les ruelles et les constructions voisines, et l'on n'en soupçonne la grandeur que de loin ; à Séville, elle se dégage complètement et se laisse voir dans toute sa majesté et dans tout son ensemble. Autour des cathédrales de Tolède et de Burgos sont venus se grouper des services annexes, cloîtres, bibliothèques, sacristies, salles capitulaires, palais épiscopaux, qui font de chacune d'elles un tout complet et un monde à part. Celle de Séville, avec sa cour plantée, son enceinte de murailles et sa Giralda, fait encore songer à la mosquée dont elle est venue prendre la place. Elle est de dimensions absolument colossales, et l'emporte de beaucoup en grandeur sur les deux premières ; mais le style de son architecture est moins sérieux, on y trouve moins d'unité, et chaque siècle y a davantage marqué son empreinte. Le gothique de Burgos est généralement lourd, mais il se développe dans tout l'ensemble avec une unité parfaite ; tel le plan général a été conçu, tel il a été exécuté, et c'est un rare mérite pour un monument de cette époque.

La chartreuse de Miraflores est située sur une colline, à quatre kilomètres de la ville. Il faut, pour y arriver, traverser le pont et suivre les belles allées qui bordent l'Arlanzon et se prolongent jusqu'au jardin du couvent. Les bâtiments, habités aujourd'hui par une vingtaine de moines, sont situés au fond d'une vaste cour, dans laquelle on pénètre par un assez beau porche formant vestibule. A notre arrivée, il était encombré par trente ou quarante mendiants de tout âge, qui s'y étaient réfugiés pour se mettre à l'abri du vent et attendre l'heure du repas des moines. Il fallut se boucher les oreilles et jouer sévèrement des coudes pour franchir cet obstacle.

La chartreuse fut fondée par Jean II, père de la reine Isabelle, qui la termina en 1442 ; plusieurs architectes y travaillèrent, entre autres, deux Allemands, Jean et Simon de Cologne. L'église, précédée d'un beau vestibule, est fort simple ; les stalles du chœur sont cependant ornées d'un travail d'incrustation fort intéressant. Le centre de la nef est occupé par les tombeaux de Jean II et de la reine. Rien ne peut donner une idée du dévergondage et de la folie qui ont présidé à cette décoration : les statues couronnées du roi et de la reine sont couchées ; leurs vêtements guillochés, ramagés, sont fouillés et sculptés avec une délicatesse précieuse. Seize lions accouplés portent des écussons et soutiennent le socle ; à cette ménagerie, il faut ajouter un monde de Vertus, d'Évangélistes et d'Apôtres groupés au milieu d'un fouillis de rinceaux, d'arabesques, de feuillages et d'oiseaux. Le tombeau de l'infant don Alonzo, mort à dix-sept ans, est placé dans une grande niche ogivale ménagée sur une des faces du chœur : il est représenté à genoux devant un prie-Dieu ; une vigne découpée à jours,

où des enfants se jouent dans le feuillage, suit les contours de l'arc.

L'auteur de ces œuvres surabondantes et désordon-
nées est un nommé Gil de Siloë. Ces étonnantes et
luxueuses sculptures, ainsi placées dans cette chartreuse
aux murailles dénudées, forment un contraste frappant
qui n'est pas sans charme, et qui peint bien l'époque.

En quittant la chartreuse, notre attelage, composé
comme toujours d'une mule et d'un cheval, se met à
rétiver ; l'un s'abat, l'autre rue, et nous sommes envahis
par la bande des mendiants qui se précipitent, criant,
se bousculant et nous bousculant, comme une bande de
requins sur une proie facile à conquérir ; nous nous
sauvons, laissant notre équipage entre leurs mains,
quitte à le retrouver plus tard.

Il existe auprès de Burgos un autre couvent très
célèbre : Santa Maria la Real de los Huelgas, qui est
une abbaye royale de femmes ; mais il est interdit de
la visiter.

PAYS BASQUES.

Nous quittons Burgos, persécutés par le même vent
glacial qui nous y avait accompagnés, et, sous cette
bise du nord, nous passons les plus hauts sommets
qu'atteigne la ligne du chemin de fer, environ dix-huit
cents mètres. Les sierras traversées, nous retrouvons
des plaines fertiles jusqu'à Alasera, au pied des Pyrénées ; puis nous nous engageons dans les délicieuses
vallées des pays basques, vertes, riantes, semées de
villas, de villages et d'usines, se pressant le long de
nombreux cours d'eau. Ce n'est plus l'Espagne, c'est un
autre pays, une autre nation, un autre type très accusé ;
les yeux grands, les pommettes saillantes, le nez fort,

les hommes ont l'air ouvert et sont tous alertes et actifs.
Le gouvernement espagnol a dû, pour maintenir ces
montagnards, toujours un peu turbulents, créer un
corps de troupes spécial recruté dans l'ancien royaume
des Asturies et coiffer ses carabiniers du béret national.

En arrivant à Saint-Sébastien, la température était
douce et chaude, il n'avait jamais fait froid ; le climat de
l'Espagne est fait de contrastes bien bizarres et, suivant un
dicton parfaitement justifié, on y brûle six mois et l'on
y gèle six mois.

Saint-Sébastien est merveilleusement situé : abritée derrière une montagne fortifiée, le mont Orguello,
qui s'avance dans la mer, la ville occupe une langue
de terre donnant d'un côté sur une immense baie
qui pourrait recevoir une flotte considérable, et de
l'autre, sur l'embouchure de l'Urrumea. La vieille ville
est adossée à la montagne ; la ville neuve, dont les rues
tirées au cordeau se coupent à angles droits, a pris
beaucoup d'importance depuis quelques années, surtout
depuis que la reine régente et la famille royale y
viennent régulièrement passer la saison d'été. Cette
prospérité ne peut que s'accroître, car on construit, au
milieu d'un grand parc, un magnifique palais où la cour
sera mieux et plus royalement logée que dans les villas
qu'on louait tous les ans.

Les environs de Saint-Sébastien sont délicieux ; en
une demi-heure, un tramway mène à Passages; c'est ainsi
qu'on nomme un petit port de mer situé au milieu des
montagnes. La ville s'élève au bord d'une véritable
rade intérieure, qui communique avec la mer par un
étroit goulet. Quoique la passe soit difficile, quelques
navires viennent s'y abriter et alimenter les usines qui
sont construites sur les rives. L'entrée est commandée
par de vieilles fortifications qui baignent leurs contre-

forts dans la mer ; les maisons peintes en bleu, jaune ou rose, ont toutes de nombreux balcons en bois, faisant saillie au-dessus de l'eau, et comme tout le monde est pêcheur à Passages, on s'en sert pour accrocher les filets et faire sécher la garde-robe de la famille.

La jolie ville d'Hernani est située d'un côté tout opposé, dans la vallée de l'Urrumea. Il ne faut pas manquer de s'arrêter en route au village de Loyola, ancienne abbaye construite au sommet d'un mamelon, pour se reporter au temps où saint Ignace, fondateur de l'ordre des Jésuites, était seigneur de ce pays. On monte à Hernani, car la ville couronne une colline autrefois entourée de remparts ; quoique démantelée depuis de longues années, elle a été le théâtre de bien des récents combats ; dans toutes les luttes carlistes, depuis le commencement du siècle, elle a toujours été un des postes les mieux défendus. De la porte d'entrée une rue monte et aboutit à la grande place où est située l'église ; en face, sont les ruines de l'ancien palais presque complètement détruit. On chantait vêpres, ce jour-là, c'était la Toussaint ; les femmes habillées de noir se tenaient accroupies par terre, entourées de serpentins de cire jaune qui brûlaient avec un parfum âcre et désagréable ; les hommes étaient debout dans le chœur, la veste sur l'épaule, et tous chantaient à la lueur de ces milliers de cierges. Après l'office, grande procession au cimetière, les femmes entièrement couvertes par leur grande mante noire à capuchon. Le portail de l'église porte encore de nombreuses traces de balles et de boulets. Les rues sont bordées de maisons à l'air tout à fait seigneurial, qui datent des XVIe et XVIIe siècles ; elles sont remarquables par leur belle architecture, les énormes écussons qui décorent leurs façades et les corniches à grandes saillies qui les protègent.

Irun est la dernière station du chemin de fer avant la frontière. Tout à côté s'élève, sur une colline isolée, Fontarabie, la ville la plus septentrionale, la dernière ville de l'Espagne, et l'une des plus pittoresques du royaume. Elle fait face à la France et domine le golfe de Biscaye ainsi que l'embouchure de la Bidassoa ; du haut de la terrasse de l'église, qui est construite au point culminant, on voit toute la chaîne des Pyrénées d'un côté, et la mer de l'autre : c'est splendide. La ville a le même aspect qu'Hernani : même rue principale aboutissant à la place de l'église, mêmes palais décorés de grands écussons, mêmes toitures en saillies, supportées par des corniches ouvragées ; mêmes balcons à toutes les maisons. Ces deux villes sont presque sœurs, elles ont été construites à la même époque, ont subi les mêmes vicissitudes, ont passé par les mêmes épreuves. Mais si Hernani est encore habité, Fontarabie n'est plus qu'une ruine presque déserte. Elle a été tant de fois bombardée, que les façades de ses jolis palais sont toutes lézardées, les toitures sont effondrées ; seuls, quelques pauvres pêcheurs viennent aujourd'hui y chercher un abri. Enfin nous traversons la Bidassoa, auprès de l'île des Faisans. Nous abordons l'autre rive et nous nous retrouvons en France.

TABLE DES MATIÈRES

TABLE DES GRAVURES

Paris. — Imp. de l'Art, E. Ménard et Cⁱᵉ, 41, rue de la Victoire.

VOYAGE DANS LES PAYS ALLEMANDS

SUISSE — TYROL — AUTRICHE

BAVIÈRE — GRAND-DUCHÉ DE BADE

Un volume in-8° raisin. — Paris, HACHETTE et Cⁱᵉ.

www.ingramcontent.com/pod-product-compliance
Lightning Source LLC
Chambersburg PA
CBHW070415090426
42733CB00009B/1677